JN106032

# Agile アジャイル型 プロジェクト マネジメント

## 最高のチームで価値を実現するために

**PMBOK®ガイド 第7版 対応**

KANBAN / LEAN / AGILE MANIFESTO / PLANNING POKER / BACKLOG / BDD / TDD / BURNDOWN CHARTS / BURNUP CHARTS / EXTREME PROGRAMMING / CONTINUOUS LEARNING / T-SHAPED HUMAN RESOURCES / ITERATION / MVP / RETROSPECTIVE / SERVANT LEADERSHIP / VALUE STREAM

## 中谷公巳
HIROMI NAKATANI

日本能率協会マネジメントセンター

# まえがき

## ⊱ プロジェクトマネジメントにおけるアジャイル型の活用

　パンデミック、経済のグローバル化、技術革新、環境危機などの世界的な激動を前に、実用的かつ先見性のあるリーダーシップが強く求められています。また、働き方も一時的に集まったグループとオンライン形式で行われることが多くなり、事実と仮説を基に総合的に判断して方向性を決めることができるリーダーのスタイルが注目されています。

　プロジェクトの進め方も、これまで以上に変化しており、変化の加速度も高まっています。ソフトウェア開発を伴うテクノロジー・プロジェクトや建設工事等のインフラ・プロジェクト、大きな資本と資源が投入される長期間の大規模プロジェクト、短期間で必要な施策を実現する小規模プロジェクトなど、いずれの場合でも、これまで以上に価値と利益にいかにつなげられているかが重視されるようになっています。プロジェクトマネジメントは現在の実務を反映し、アジャイルの概念や方法論、手法からも影響を受けながら、進化を続けています。

## ⊱ 『PMBOK® ガイド』第7版におけるアジャイルへの対応

　プロジェクトマネジメント協会（PMI：Project Management Institute）から発行されている Project Management Body of Knowledge、通称『PMBOK® ガイド』は米国規格協会（ANSI：American National Standards Institute）の規格であるため、4〜5年ごとに更新されますが、2021年においての第7版の更新は、通常の更新とは異なり、プロジェクトマネジメントの標準や知識体系ガイドの構成全体を大きく変えるものです。『PMBOK® ガイド』は、実は「プロジェクトマネジメント標準」と「PMBOK® ガイド」で構成されていますが、第6版の「プロジェクトマネジメント標準」では、立上げ、計画、実行、監視・コントロール、

終結という5つのプロセス群によって分類された一連のプロセスに基づいていました。また、第6版の『PMBOK® ガイド』では、統合、スコープ、スケジュール、コストなどの10の知識エリアに基づいて、これらの5つのプロセスを扱っています。しかし、開発する製品やサービス、環境、条件の違いから一連のプロセスに合わせてプロジェクトを進められるとは限りません。

プロジェクトマネジメントのプロセスは、その性質上、予測型アプローチやウォーターフォール型に傾いていますが、現在、プロジェクトのほぼ半分が何らかの形でアジャイルまたはハイブリッド・アプローチを使用しています。したがって、『PMBOK® ガイド』第7版のプロジェクトマネジメント標準においても、プロセスベースの方法から原則ベースの標準へとシフトする必要がありました。原則は、「12のプロジェクトマネジメントの原理・原則」として収録されています。また、第7版で行われたことは、原則ベースの標準に移行し、プロジェクトの遂行に際し、互いに交差し、重なり合い、影響し合う「8つのパフォーマンス領域」、プロジェクト・アプローチの選択、組織のニーズ、プロジェクトのニーズ、プロジェクト期間中の継続的な改善に基づく「テーラリング」、思考戦略、手段、成果物などを紹介する「モデル、方法、作成物」を記述したガイドに移行することでした。

プロジェクト、プログラム、ポートフォリオ、プロダクト、そして、オペレーションはすべて、組織とそのステークホルダーに価値と利益を提供するために存在することを強調しています。これは、「価値実現システム」として第7版全体を通じて貫かれている文脈です。

## ❖ 本書のコンセプト

本書『アジャイル型プロジェクトマネジメント』では、プロジェクトを取り巻く「環境の理解」と手法や方法論を駆使した働き方の「選択と進化」、ポートフォリオやプログラムと一体となってプロジェクトがも

たらす「価値の実現」、そして、成果を上げる「最高のチームづくり」をテーマに掲げています。

このテーマは、プロジェクトマネジメントのコミュニティでも認知されており、これまでにも幅広い理論や方法論が唱えられ、実践されています。従来の「ウォーターフォール型」とも比較しながら、違いや優れた手法を組み合わせながら、プロジェクトの成果を達成する方法や実践方法について紹介します。

第7版では、プロジェクトマネジメントをプロジェクト・ライフサイクルに沿った一律の「プロセス」としてではなく、取り巻く環境や目指す価値に合わせて「原則」に沿うものとしています。この「原則」は本書で紹介するアジャイル型プロジェクトマネジメントとも一致しています。

プロジェクトマネジメントの性質上、その時系列に沿って、「立上げ」「計画」「実行」「監視・コントロール」「終結」の各プロセスの順に必要な準備や作業とそのテーラリング、モデル、方法、作成物およびツールと技法、成果物や価値について本書内では解説を進めていますが、読み進める順序に指定はありません。どこからでも関心のある部、章からお読みいただけます。第7版には、第6版のプロセスベースのアプローチとの整合を無効にする内容は一切存在しません。

## ❖ 想定する読者像

本書は、プロジェクトマネジメントや『PMBOK® ガイド』をより詳しく知りたい方への入り口として、またプロジェクト実務者に向けて「ウォーターフォール型」だけではない「アジャイル型」「ハイブリッド型」などのさまざまなアプローチと手法の提示、何よりチーム一丸となって価値実現に挑戦するための構造化された方法論を示すことを目的としています。

プロジェクトマネジメントが取り扱うのは「リーダーシップ」「組織論」

「リスク・マネジメント」「チェンジマネジメント」「要求」「品質」といった幅広さと奥深さのある広大な領域ですが、特に世界をより良く変えたいと思うのであれば、最もエキサイティングなテーマの領域であり、挑戦すべきキャリアの1つだと私は思います。

### ⫶ 今後さまざまな領域で広がるプロジェクトマネジメント

プロジェクトの進め方は、これまで以上に変化しており、変化の加速度も強まっています。ソフトウェア開発を伴うテクノロジー・プロジェクトや建設工事等のインフラ・プロジェクト、大きな資本と資源が投入される長期間の大規模プロジェクト、短期間で必要な施策を実現する小規模プロジェクトなど、いずれの場合でも、これまで以上に価値とベネフィットにいかにつなげられているかが重視されるようになっています。

不確実性と変化への対応が求められるこのような時代に、批判的かつ建設的な思考とコミュニケーション力を駆使するプロジェクトマネジメントは、専門性が求められる領域だけでなく、変革や改善を求める政府機関、企業、市民や社会活動団体をはじめ、より幅広い分野に普及し、現在の実務を反映しながら、進化と発展を続けていくことでしょう。

# INDEX

アジャイル型プロジェクトマネジメント

---

第 **1** 部 **価値を実現する
プロジェクトマネジメント**
イノベーションは、プロジェクトによって実現する

---

第 **1** 章

## リーダーシップ

プロジェクトマネージャーに求められるリーダーシップ

第 **2** 章

# プロジェクトとプロジェクトマネジメント
プロジェクト環境を理解し、成功を定義する

第 **3** 章

# 価値を生み出す開発アプローチ
プロジェクトごとに最適なものを選択する

第 **2** 部
# プロジェクトの定義
ビジネスケースを創出し、成功を定義する

第 **4** 章

# プロジェクトの立上げ
課題や機会を価値あるビジネスケースに変える

第 **5** 章

# コラボレーション
ステークホルダーを巻き込み、協力を得る

第 **6** 章

# ルール
プロジェクトのルールを定め、合意形成する

---

第 **3** 部　プロジェクトの計画
不確実性を管理し、成功の可能性を高める

第 **7** 章

# リスク・マネジメント
プロジェクト全体で継続的にリスクを管理する

第 **8** 章

# WBS
作業を分解し、管理を容易にする

第 **9** 章

# 計画
必要十分な詳細度で現実的なスケジュールを立てる

第 10 章

# アジャイル

変化する要求を管理し、段階的に価値を提供する

第 11 章

# 見積り
適切な手法を使い、予算と期間の基準を作る

第 **12** 章

# 資源

トレードオフを踏まえ、貴重な資源のバランスをとる

<table>
<tr><td>第 4 部</td><td>プロジェクトの実行と<br>コントロール<br>最高のチームで、プロジェクトを遂行する</td></tr>
</table>

第 **13** 章

# チーム
最高のチームを作る

# 第16章

# 変更管理
期待値を管理し、価値を提供する

# 第17章

# 進捗状況の測定
成果とパフォーマンスを測定する

## 第 **5** 部　プロジェクトと企業戦略
組織的プロジェクトマネジメントを実践する

第 **18** 章

# 企業戦略との連携
プロジェクトマネジメント・オフィスによる組織的支援を実現する

第 19 章

# 要求
要求を分析し、ソリューションを進化させる

# 第20章

## 品質と改善
プロジェクトに品質を組み込み、継続的に改善する

第 **1** 部

価値を実現する
プロジェクトマネジメント

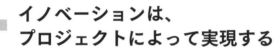

# イノベーションは、
# プロジェクトによって実現する

　イノベーションは、社会や産業に成長と破壊を促す原動力です。政治リスク、経済の激変、気候変動など直面するさまざまな危機や課題への対応の必要性から、建設的かつ批判的な思考、変革の勇気、率先垂範のリーダーシップ、組織化された行動を求められています。イノベーションを生み出す力は、組織の大小にかかわらず、これまで以上にすべての組織にとって必須能力となっています。

　本書において、イノベーションとは人々にとって重要な課題に新たな解決策をもたらすことを意味しています。そして、イノベーションは常にプロジェクトによって実現します。増え続ける変化や不確かな課題に対応するためには、方向付けをし、仮説を立て、計画的に実行していくことが求められますが、そこに大きな役割を果たしているのがプロジェクトマネジメントです。プロジェクトマネジメントは、迅速な対応と学習、変化する状況に応じた重要な意思決定が頻繁に迫られる中で、論理的かつ構造的な思考や方法論、コミュニケーション技法を提供します。

## 取り扱うテーマ

**第1章 ■ リーダーシップ**
　　プロジェクトマネージャーに求められるリーダーシップ

**第2章 ■ プロジェクトとプロジェクトマネジメント**
　　プロジェクト環境を理解し、成功を定義する

**第3章 ■ 価値を生み出す開発アプローチ**
　　プロジェクトごとに最適なものを選択する

# リーダーシップ

## プロジェクトマネージャーに求められるリーダーシップ

　プロジェクトマネジメントは、課題解決のために、より良い戦略を実現するうえでのツールや方法を提供するものです。

　また、プロジェクトマネジメントは、プロジェクトに参集するあらゆる人のコラボレーションと共創思考により、客観的な情報に基づいて合理的な判断を下すためのツールです。それゆえ、さまざまな視点からプロジェクトの価値を多面的に見つめることができ、その価値を最大限に高めることになります。このことで不確実性が回避でき、構想したことを現実に変える手助けをしてくれるのです。

　そして、その役務の中核を担うプロジェクトマネージャーは、プロジェクトの構想から完了まで、チームメンバーやステークホルダーとのコミュニケーション、必要な資源、コスト、スケジュールや利益の予測と予算を策定します。また、プロジェクトに参加するメンバーをまとめ、生産性の高いプロジェクトチームへと育て上げる力量も同時に求められます。

# プロジェクトは価値をもたらす

　国家の政策立案から企業の事業開発、身近なところでは会社内のコミュニケーションのためのイベントなど、ミッションを遂行するために行われるプロジェクトは、私たちの普段の生活のあらゆるところに存在します。

　ところで、プロジェクトが成功したと判断できるのはどんな状態になったときでしょうか？　特にビジネスの場面では、どんなミッションであれ、「価値」をもたらしたときです。そのため、プロジェクトマネージャーは、プロジェクトが承認された理由やプロジェクトのステークホルダー（利害関係者）などをはじめ、プロジェクトが解決策として課題を取り除くことができるかについて、そのプロジェクトに関するビジネス全体をよく理解することがとても重要になります。

　また、解決策が受け入れられても、実行されなければ期待される目標は達成できません。よって、プロジェクトマネージャーには、組織変革の実践者としての役割も求められます。

　つまり、**ビジネスにおけるプロジェクトマネージャーの仕事とは、ビジネスに価値をもたらし、変革をリードする**ということです。

## プロジェクトマネジメントの「スキル」と「人間力」

　プロジェクトマネジメントは、ツールと技法、モデルや方法論を駆使し、成果物を生み出す「**スキル**」の要素と、成果を達成するためにチームを鼓舞しながら厳しい選択をし、失敗しても誠実に行動する「**人間力**」の要素から構成されます。プロジェクトマネージャーは、この２つの要素を兼ね備えていなければなりませんが、それにはまず、「スキル」を知ることと、「人間力」を発揮することの違いを認識する必要があります。

　リーダーシップは、経験と感性、そしてマネジメントのスキルを体現

するものであり、プロジェクトマネジメントの基本を学ぶことは、こうした人を動かすリーダーになるための第一歩ともなります。リーダーとしての「人間力」を身につけるためにはさまざまな経験やそれに伴う時間を要しますが、「スキル」は学習次第で比較的短期間で身につけることが可能です。

## ▶ 優れたプロジェクトマネージャーによるプロジェクト成功要因の特徴

　優れたプロジェクトマネージャーの特性を説明しようとすると、「見識」「コミュニケーション力」「チームスキル」などについて、具体的な言葉で説明が難しいものも多く、生まれつきの才能のように思われたりすることがありますが、そうではありません。私は 20 年以上にわたり、数々のプロジェクトに直接関わり、さまざまな人から話を聞き、成功したプロジェクトリーダーを観察してきました。その経験から、プロジェクトマネジメントは学ぶことも教えることもできるスキルだということを確信しました。

　私はこの経験則から、優れたプロジェクトマネージャーによるプロジェクト成功要因として以下のようなことが共通していることを発見しました。

- プロジェクトの目標に、プロジェクトチーム、顧客、経営陣の合意をとっている
- 全体の道筋と明確な責任の所在を示し、誰もが進捗状況の測定ができる計画を作っている
- プロジェクトに関わるすべてのステークホルダー間のコミュニケーションがとれるように配慮している
- 期待値を管理し、スコープ（プロジェクトの内容の範囲のこと）をコントロールできるようにしている
- 経営陣から十分な支援が得られるようにしている

もちろん、プロジェクトの個々の条件はそれぞれ違いがあります。経験頼みの成功パターンに従っても、プロジェクトを取り巻く環境、現場で発生する摩擦はさまざまで想定どおりにはいきません。1人で、または一集団で得られる経験や教訓は量と多彩さに限界があります。

　価値観が多様化し、経済のグローバル化が進む中では、異なる文化や慣習からの多種多様な経験を集合知として活用することも有効だといえます。その集合知を成果に結びつけるのも、プロジェクトマネージャーの仕事です。

# 最高のチームのための文化を創る

　プロジェクトチームは、不完全な情報に基づいて意思決定を行うことがあります。それでもベストを尽くし、間違った場合はやり方を変え、学んだことを確認し、新たな決断を下します。そのためには、コラボレーション、信頼、そしてレジリエンスを育むチーム文化が必要です。その役割を担うのが、プロジェクトリーダーです。

　チーム文化とは、チームの価値観を示す、目に見える行動のことです。多様な意見を大切にすることがチームの価値なら、多様な意見を傾聴することがチームの行動となります。最適なパフォーマンスが価値であるならば、正直なフィードバックのやり取りがチームの行動となります。

　価値観を可視化し、望ましい行動を強化することが、文化を育むためのリーダーシップ活動といえます。

## ❖ 心理的安全性は最高のチームの重要な特性

　心理的安全性は、最高のチームの重要な特性です。何をいっても受け入れられるとの安心感から、批判的かつ建設的なフィードバックを与え合うことで、メンバーのパフォーマンスは上がります。

身構えずに言い合うには、チームメンバー相互の高い信頼関係が必要です。話を聞いて一緒に解決してくれるとわかっているので、他の問題も積極的に提起するようになります。

逆に、黙っている間にも重要な決定が次々になされていく中で、自分の意見を否定されたり、反対意見を言いにくいようなチームでは、チーム文化が正しく育まれることはありません。

## ⁑ チームの発展段階とリーダーシップの進化

プロジェクトチームはプロジェクトのために編成されるため、初めて会うチームメンバーがいるのは普通のことです。初顔合わせの時点では協力者でもなければ、グループのために心を寄せているわけでもありません。そうしたメンバーによるプロジェクトが慎重に始まり、徐々にぶつかり合い、やがてまとまりと柔軟性のある献身的なチームへと発展します。このことを象徴的に示しているのが、心理学者のブルース・W・タックマンが提唱した「タックマン・モデルの5段階」です（図表1-1）。

このチームの発展段階を表すモデルは、どのチームも経験する最初の編成会議からチームが解散するまでに、「形成期」「混乱期」「統一期」「機能期」「散会期」の5段階をたどるというものです。

プロジェクトリーダーは、この5つの発展段階を理解しながらチームを運営することで、チームを次の段階に素早く移行させることができます。その際、チームの各段階の状態に応じて、リーダーシップ・スタイルを選択・変更します。

リーダーシップ・スタイルをプロジェクト中に選択・変更する必要があるのは次の理由によります。

初期段階の「形成期」にはリーダーによる強力な方向付けや指示出しが必要ですが、メンバーが自律的に自らを管理し、人間関係が良好な「機能期」に至ったチームであれば、リーダーは手をかけず、メンバーの自発的動機を支援することで最高のパフォーマンスを発揮してもらうとい

図表1-1　チームの発展段階（タックマン・モデル）

| | どんな段階？ | プロジェクトリーダーの役割は？ |
|---|---|---|
| 形成期 | メンバー相互の理解と目標の共有段階 | コミュニケーションの円滑化 |
| 混乱期 | プロジェクトが開始され、メンバー間での意見衝突が発生する段階 | 個々のメンバーへの傾聴とコミュニケーション |
| 統一期 | 意見衝突を乗り越え、各人が役割を再認識し、建設的な議論が交わされる段階 | 目標に向けての意見の調整とファシリテート |
| 機能期 | メンバーが自信を持って役割を遂行し、パフォーマンスが最大化される段階 | メンバー個々が自信を持って役割が遂行できるための環境整備などの支援 |
| 散会期 | 目標を達成し、スキルを向上させたメンバーが納得感を抱いたまま、新たな役割に移行する段階 | 目標達成についての慰労と感謝を自分の言葉で伝えることでのメンバーのさらなる動機づけ |

うように、段階に応じたメンバーへの対応が必要になるからです。かつてはリーダーが強権的な態度でチームを引っ張る力任せのマネジメントが行われたこともありましたが、現在ではメンバーはイコールパートナーとして、メンバー各人が持つリーダーシップ・マインドをいかに発揮できるかに注力するのが、プロジェクトリーダーの大きな役割です。

　そのためにチームの発展段階の違いを把握することで、リーダーはチームの要望や状況に合わせて、スタイルを変えていきます。

　ただ、チームはこれらのステージを経て発展もすれば、時には前のステージに戻ることもあることに注意が必要です。チームメンバーやチー

ム目標の変更により、「統一期」のチームが「混乱期」に戻ることもあります。リーダーはグループの状態や発展段階に合わせて、臨機応変にリーダーシップ・スタイルを調整していく柔軟性も求められます。

　専門的な知識や技量が求められるプロジェクトでは、これらの特徴を備えた自己管理型チームが求められることが多く、チームメンバーは、コミュニケーション、企画・計画、コンフリクトの解決、障害を克服できるスキルの１つあるいは複数を持っていることが望まれます。

## 専門家の権威と人としての品格を備える

　プロジェクトマネージャーは、多くの人やグループに対して、直接の権限を持たない状態で指示を出すことも求められます。組織内での地位に基づく直接的な権限は、正式かつ正当な権限としてあらかじめ周知されていますが、プロジェクトリーダーに地位的な権限がない場合は、個人的な権威で補わなければなりません。

　個人的な権威とは、「専門家の権威」、人としての「品格」の２つです。**「専門家の権威」とは、その人の卓越した知識や能力への敬意のこと**です。プロジェクトリーダーは、プロジェクトマネジメントの手法を実践的かつ効果的に行う経験により、専門家としての権威を身につけることができます。さらには、会議体の適切な運営、スコープ（プロジェクトの規模や範囲）の明確化、明瞭なコミュニケーション、企画や計画セッションの絶妙な調整など現場での実践を示すことで、関係するすべてのステークホルダーからの敬意を得ることができるようになり、それが「専門家の権威」として認識されることになります。

　一方の「品格」は、**倫理観によって物事に対処する姿勢や、誰隔てなく同じように接することのできる対人関係力、総意を汲んだうえでの恣意を排除した意思決定力などの日頃の実践から醸し出されるもの**です。

29

簡単にいえば、良識を持ち、人から後ろ指をさされないような言動を習慣にしているということです。

## ❖ プロジェクトリーダーには政治的な知識も必要

プロジェクトリーダーは、さまざまなステークホルダーと向き合いますが、自分が直接コントロールできない人たちの意思決定に影響を与えることも必要とされます。このような影響力を築くには、政治力が必要です。

一般に政治力という言葉には、ポジティブな意味合いはありません。不当な影響力を行使し、事実ではなく、人との関係性に基づいて物事を推進するかのようなネガティブな見方がされがちだからです。しかし、組織にいる以上、大なり小なり政治はつきまといます。それならば、「目標達成をし、価値を生む」という名目のためになら、政治力を使うことも必要とされるでしょう。政治力をポジティブに解釈するなら、「大義名分のため」ということです。

特に、部門を超えたステークホルダーがそれぞれのビジョンや思惑を持ち、大きな決断を迫られるプロジェクト環境では、政治力は必要不可欠なスキルとなっていきます。

## ❖ 個人的な権威と公式な権威を確立する

個人的な権威は、それ自体は強いリーダーを証明するものですが、優れたプロジェクトリーダーは、組織体制やルールに基づいた、周囲からの公式な権威をしっかりと確立します。

公式な権威は、公明正大な言動による透明性や実務能力に対する評価を得ることで強めることが可能です。

特に、ステークホルダーから公式な権威を得るためには、多くのプロジェクトマネジメントを実践し、さまざまなプロジェクトで実績を上げることが一番の近道になります。

# 第 2 章

# プロジェクトと
# プロジェクトマネジメント

## プロジェクト環境を理解し、成功を定義する

　プロジェクトマネジメントの理解は、まずプロジェクト環境の理解から始まります。プロジェクト環境とは、従来の組織環境とは全く異なるものです。職場での活動範囲が、プロジェクトと定常業務の2つのグループに分けられることを考えてみましょう。簡単にいえば、プロジェクトは1回限りの仕事で、定常業務は何度も継続し、繰り返して行う仕事です。

　プロジェクトを成功させるには、正しい成果を時間と予算どおりに提供することが必要ですが、プロジェクトマネージャーが意識しなければならないのは、プロジェクトに関わるすべての人、つまりステークホルダーにとって「成功とは何か」を定義し、その同意を得ることです。期待値を管理することは、プロジェクトマネージャーの主な仕事の1つですが、プロジェクトが成功するかどうかは、プロジェクト・ライフサイクルにおける4つのフェーズ（定義、計画、実行、終結）をどう導くかが大きく影響するため、本章ではこのことを見ていくこととします。

　また、プロジェクト成功に向けて使用される用語の定義、プロジェクトマネジメント活動の説明、プロジェクトがもたらす組織的な課題についても解説していきます。

# プロジェクトの定義

　本書では『PMBOK® ガイド』に従い、「プロジェクト」を次のように定義します。

　**「プロジェクト独自のプロダクト、サービス、所産を創造するために実施される有期性のある業務。プロジェクトの有期性とは、プロジェクト作業やプロジェクト作業のフェーズに明確な始まりと終わりがあることを示している。プロジェクトは単独で実行されることもあるし、プログラムやポートフォリオの一部として実行されることもある。」**

（『PMBOK® ガイド』第7版より）

　PMBOK® ガイドでは「所産」「プログラム」「ポートフォリオ」を以下のように定義しています。

　**所産**：プロジェクトマネジメントのプロセスとアクティビティ（活動）を実行して得られるアウトプットの1つ。

　**プログラム**：調和のとれた方法でマネジメントされる、関連するプロジェクト、サブプログラム、プログラム活動。個別にマネジメントしていては得られないベネフィットを実現する。

　**ポートフォリオ**：戦略目標を達成するためにグループとしてマネジメントされるプロジェクト、プログラム、サブポートフォリオ、および定常業務。

　そして、すべてのプロジェクトには、2つの本質的な特徴があります。

- すべてのプロジェクトには、始まりと終わりがある
- すべてのプロジェクトは、唯一無二の製品を生み出す

プロジェクトは、新たな取り組みであり、ゴール（目的、目標、期日）に到達した時点で終了します。プロジェクトはユニーク（唯一無二）で一時的なものであり、これらのプロジェクトには、制御盤の再設計や新規事業の開発のように有形の製品を生み出すものもあれば、顧客満足度の向上のように無形のものもあります。プロジェクトの成果は、有形・無形を問わないということです。

# プロジェクトの成功基準──期限内、予算内、価値の実現

プロジェクトの多くは、組織にとって重要な変化をもたらすために行われます。その変化が実際に価値あるものであるかどうかは、スケジュール（期限内）、コスト（予算内）、スコープ（期待された成果の実現）という成功基準を通して判断することができます。

● 期限内に終了する

プロジェクトは、スケジュールどおりに終了されることが原則です。期限に間に合わなければ、本質的な価値とはみなされません。

● 予算内に収まる

プロジェクトは投資であり、予算内で目標の成果を出すことに価値があります。予算を超過した場合には、組織にもたらす利益以上のコストが発生する可能性があります。

● スコープが期待された成果を満たしている

スコープ目標の設定は、期限や予算よりも測定が困難です。顧客が期待するのは、目的を達成するための成果であり、プロジェクト立上げ時

に想定した価値が提供されることです。

## スケジュール、コスト、スコープの バランスをとる

スケジュール、コスト、スコープは、プロジェクトの3大変数です。これらの変数のうち、1つ以上が変わると残りの変数も変わります。例えば、あるプロジェクトに使える時間と予算が減れば、ほぼ確実に製品のスコープは制限されます。同様に、同じスコープをより短い期間で提供するためには、より多くの費用がかかります。

プロジェクトマネージャーは、制約条件を考慮しながら、スケジュール、コスト、スコープの3つの変数の最適なバランスをとります。

特に、スコープには「製品スコープ」と「プロジェクト・スコープ」という2つの観点があることにも注意が必要です（177ページ参照）。製品スコープとは、「どのような製品を導入するか」ということですが、プロジェクト・スコープとは、「プロジェクトの目的を満たすために必要なすべての作業」のことです。

プロジェクトを納期どおり、予算どおり、約束した範囲内で完了させたからといって、それが必ずしも成功とはいえません。なぜなら、プロジェクトチームによるスケジュール、コスト、スコープのバランスの定義が、顧客や利用者、経営陣の定義と異なる場合もあるからです。

ステークホルダーごとに成功の定義が異ならないように、「プロジェクトの成功は他人の評価によって決まる」という認識を持ちながら、スケジュール、コスト、スコープのバランスがプロジェクトの本来の目的とどのように関連しているかについて、プロジェクトに関わるすべてのステークホルダーの合意を得る必要があります。

# プロジェクトマネジメントの活動

プロジェクトマネジメントは、

- プロジェクトの定義活動
- プロジェクトの計画活動
- プロジェクトのコントロール活動

の3つに分類されます。

### 1. プロジェクトの定義活動

プロジェクトの基盤となるもの。ここでは2つの活動がある。
- プロジェクトの目的、目標、制約条件を決定する
- プロジェクトを管理する権限を確立する

### 2. プロジェクトの計画活動

制約条件の中でプロジェクトの目標を達成するための詳細をまとめる。
- 見積りや計画手法では、作業範囲、作業担当の割り当て、作業完了時期、費用の明確化などを行う
- リスク・マネジメント活動では、不確実性が高い分野の特定と管理のための戦略の策定を行う
- プロジェクト定義時に作成されたスケジュール、コスト、スコープのバランスが現実的かの検証を行う

### 3. プロジェクトのコントロール活動

プロジェクトをゴールに向けて進めるための活動が含まれる。

- 進捗状況を測定する
- コミュニケーションをとる
- 是正措置・改善を行う

## プロジェクト・ライフサイクル

　プロジェクト・ライフサイクルとは、プロジェクトの「**定義フェーズ**」→「**計画フェーズ**」→「**実行フェーズ**」→「**終結フェーズ**」までの一連の流れのことです。これは、プロジェクトマネジメントの「定義活動」「計画活動」「コントロール活動」や、『PMBOK® ガイド』第6版で示された「立上げ、計画、実行、監視・コントロール、終結の5つのプロセス群」に対応しているように見えますが、違いがあります。

　その違いとは、ライフサイクルが直線的であることと、フェーズの境界に意思決定ポイントがあることです。

● 定義フェーズ

　プロジェクトメンバーとプロジェクトマネージャーがプロジェクトの目的や条件、内容などを簡潔にまとめた文書の「**プロジェクト憲章**」（82ページ参照）に名を連ねることで始まり、プロジェクトに関わる各種ルールが承認されることで完了します。この書面を承認することは、ステークホルダー全員がプロジェクトの目標、アプローチ、コスト、スケジュール、スコープのバランスに同意することを意味します。

● 計画フェーズ

　ルールが承認されると、プロジェクトマネージャーはプロジェクトの計画立案を開始します。プロジェクトをどのように実行するかの詳細を詰めていくうちに、プロジェクトルールの決定事項の一部が変更されることもあります。プロジェクトルールの変更が必要な場合には、ステークホルダー全員の承認が必要です。

● 実行フェーズ

計画どおりに実際の作業を行う実行フェーズでは、プロジェクトの90％以上の労力を費やすことになるでしょう。実行フェーズは、プロジェクトのゴールに到達したときに完了します。

● 終結フェーズ

終結に関わる活動には、次の3つの重要な機能があります。

▪ ビジネス・オペレーションや他の製品開発など次のフェーズへの移行
▪ 顧客や利用者から見たプロジェクトの正式な終結
▪ プロジェクトの成功や失敗の検証から得られたことを今後のプロジェクトの改善に活用

このうち、「定義フェーズ」と「計画フェーズ」は特に重要です。この2つのフェーズは、通常、総作業量の10％以下ですが、実行フェーズでチームが効率的にパフォーマンスを発揮するカギを握る作業になるからです。

## ✦ プロダクト・ライフサイクルとプロジェクト・ライフサイクルの違いを知る

プロジェクトマネジメントは、自動車や創薬などの新製品開発、新たな基幹システム導入に際してのITプログラムの開発、スタジアムや大型商業施設といった建設工事など、一度しか行われない、唯一無二の成果物を生み出すために必要とされます。特に、新製品開発はプロジェクトと同じ性質を持っているので、プロジェクトマネジメントを適用する絶好の機会です。

そして、**新製品を生み出すために必要なステップを「プロダクト・ライフサイクル」と呼びます**。製品開発は、プロジェクトと同様に始まりと終わりがあり、唯一無二の製品を生み出すものですが、1つのプロジェ

クトだけではなく、複数のプロジェクトから構成されることもあります。

　製品開発にプロジェクトマネジメントを適用しようとする際は、プロダクト・ライフサイクルとプロジェクト・ライフサイクルの違いを理解している必要があります（図表 2-1）。

図表2-1　プロダクト・ライフサイクルとプロジェクト・ライフサイクルの違い

プロダクトの使用、販売、影響

ポートフォリオ・ガバナンス

| プログラム1 | プログラム2 |

プロジェクトC
（追加）

プロジェクトD
（改定）

プロジェクトE
（改定）

プロジェクトF
（改定）

プロジェクトB
（より多くのフィーチャー）

プロジェクトA
（最初に作成）

プロジェクトG
（改定）

時間

各フェーズ

| 導入 | 成長 | 成熟 | 衰退/撤退 |

プロダクト・ライフサイクル

| プロジェクトの開始 | 組織編制と準備 | 作業の遂行 | プロジェクトの完了 |

プロジェクト・ライフサイクル

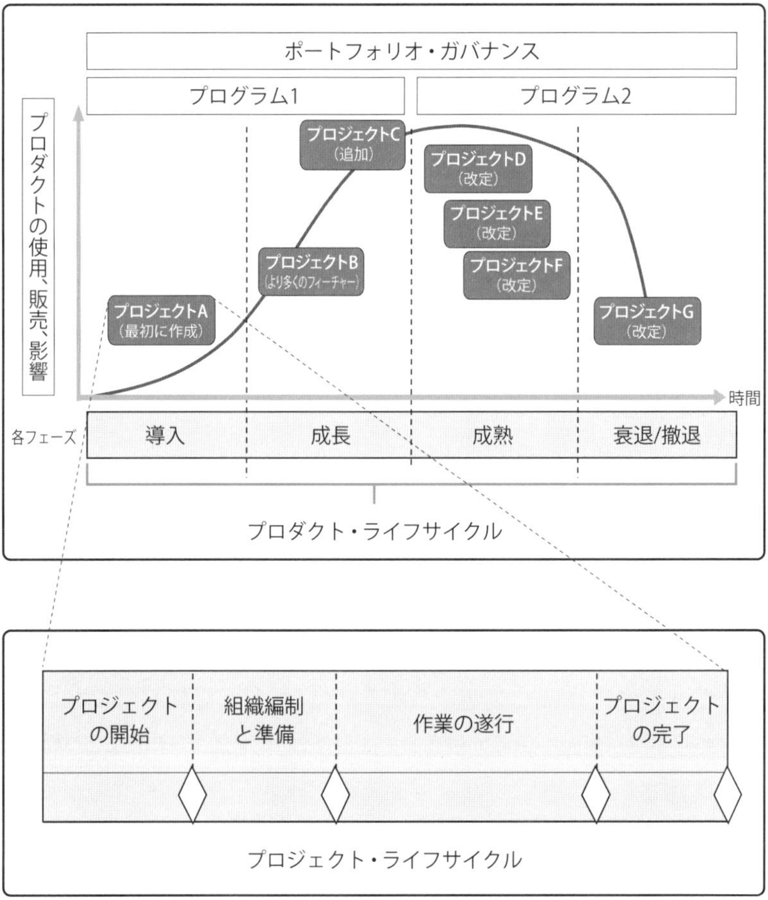

出所：『PMBOK®ガイド』第7版から引用した図を一部加工

38

- プロダクト・ライフサイクルとは、製品を開発し、提供するために必要な作業です。プロジェクト・ライフサイクルは、作業の管理に焦点を当てています。
- プロダクト・ライフサイクルには多くのプロジェクトが含まれますが、それぞれのプロジェクトはプロジェクト・ライフサイクルに従って遂行します。

あらゆる製品開発には複数のプロジェクトが存在し、それぞれを合わせて一貫性のあるプログラムとして管理する必要があることを理解しておきましょう。

## ▷ ウォーターフォール型とアジャイル型の開発手法

プロダクト・ライフサイクルでは、最初の開発フェーズが完了してから次の開発フェーズが始まることを前提としています。時間軸に沿って直線的なアプローチをとるため、「**予測型開発アプローチ**」、あるいは「**ウォーターフォール型開発アプローチ**」と呼ばれています。施設建設にはウォーターフォール型が適しているかもしれませんが、その他のプロダクト・ライフサイクルはこのような直線的なアプローチでは対処できない場合もあります。例えば、この20年間でソフトウェアやIT（情報技術）のプロジェクトに起きた大きな変化の1つが、要求、設計、構築を何度も繰り返すアジャイル手法による開発です。

ウォーターフォールとアジャイルの違いやメリットについては、第3章で詳しく説明します。しかし、どのような開発アプローチであっても、コスト、スケジュール、スコープ、資源、リスクなどを考慮してプロジェクトを管理することが重要なことは変わりません。

# プロジェクトと組織体制

　大手建設会社やコンサルティングサービス会社のように、プロジェクト業務だけを行う会社もあります。それら組織の従業員の大部分は、特定のプロジェクトに専念しています。一方、大多数の事業会社は、定常業務とプロジェクトを並行して行っています。プロジェクトをサポートする組織体制を作り、維持し続けることは、簡単なことではありません。どの会社にとっても、プロジェクトのためだけの一度限りの独自の人材、独自の報告体制をプロジェクトが終了後にも維持し続けることはできないからです。

　経営機能ごとに編成された機能型組織を重視する企業は、営業部門、製造部門、人事や経理などの管理部門、エンジニアリング部門、情報システム部門などの主要機能を中心に組織化されています。各部門に管理者が置かれ、その管理者の下でメンバーが各自の担当業務を行います。

　大手の建設会社やプラント会社に代表されるプロジェクト型組織は、大規模かつ長期的なプロジェクトに取り組む企業に適しています。部門内あるいは複数の部門をまたいだプロジェクトがあるのではなく、プロジェクトの中に部門が存在します。プロジェクト型組織の企業は、複数のプロジェクト間で業務が重複するため、組織的には非効率な面もありますが、各プロジェクトの統括機能は最大限に高まります。

　マトリクス型組織は、製品開発や組織変革など全社的に取り組む部門横断型のプロジェクトが一般的になったときに対応するために作られたハイブリッド型組織です。この組織体制では、プロジェクトマネージャーと部門責任者の両方に権限が与えられ、全員が同じ上級管理者に報告します。部門責任者は、プロジェクトチームで働く人材の決定に関与し、長期的な人材管理に責任を持ちます。プロジェクトマネージャーは、プロジェクトチームのメンバーに仕事を割り当て、監督し、調整します。

図表2-2　さまざまな組織体系

**機能型組織**

| 社長 | | | |
|---|---|---|---|
| 技術部門　部長 | 製造部門　部長 | IT部門　部長 | 人事部門　部長 |
| スタッフ | スタッフ | スタッフ | スタッフ |

**プロジェクト型組織**

| 社長 | | | |
|---|---|---|---|
| プロジェクトマネージャーA | プロジェクトマネージャーB | プロジェクトマネージャーC | プロジェクトマネージャーD |
| スタッフ | スタッフ | スタッフ | スタッフ |

**マトリクス型組織**

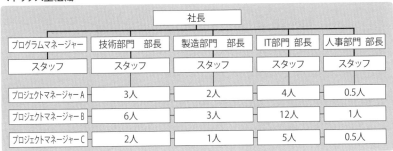

| | 社長 | | | |
|---|---|---|---|---|
| プログラムマネージャー | 技術部門　部長 | 製造部門　部長 | IT部門 部長 | 人事部門 部長 |
| スタッフ | スタッフ | スタッフ | スタッフ | スタッフ |
| プロジェクトマネージャーA | 3人 | 2人 | 4人 | 0.5人 |
| プロジェクトマネージャーB | 6人 | 3人 | 12人 | 1人 |
| プロジェクトマネージャーC | 2人 | 1人 | 5人 | 0.5人 |

　また、製品・サービスに関連する一連のプロジェクト群を1つのプログラムとして組織全体で推進する際には、それらプログラム群を統括するプログラムマネージャーがプロジェクト間の調整と管理をする場合もあります。

　マトリクス型組織の最大の問題点は、1つのプロジェクトに従事する人には2人の上司がいて、複数のプロジェクトに従事すれば、さらに多くの上司がいることです。つまり、指示命令系統が複数にわたることで、本人を除いてその負荷状況を把握し、監督、調整できる人がいないということです。

# 第 3 章

# 価値を生み出す開発アプローチ

## プロジェクトごとに最適なものを選択する

　プロジェクトを成功させるには、スケジュール、コスト、スコープを考慮した価値の提供にこだわることが重要です。製品開発であれば、適切な予算で有用な製品をタイムリーに提供することです。

　作るべき製品を見極め、正しく作るための一連のプロセスを製品開発プロセスと呼びますが、製品開発プロセスとはプロジェクトマネジメントではなく、それぞれ別々の補完的なプロセスです。製品開発に必要な作業と正しい開発の進め方が製品開発プロセスであり、コミュニケーションや調整を通して作業を効率的に行うことがプロジェクトマネジメントです。製品開発プロセスに応じて、プロジェクトの開発アプローチには大きく分けてウォーターフォール型とアジャイル型の2つがあります。

　ウォーターフォール型は早い段階でスコープを明確に定義し、コストやスケジュールを正確に予測しようとするため、「予測型」に分類されています。

　アジャイル型は、短い反復を繰り返すことにより、開発チームと顧客や利用者の双方にとって、問題解決のための最適解を求める進め方であるため、「適応型」に分類されています。

　プロジェクトチームは、要求を理解し、ソリューションを設計し、製品を開発するための最適なアプローチを選択することが求められます。それには、さまざまな開発プロセスの原理と利点を理解し、自社にとって最適な開発アプローチとは何かを追究し、プロジェクトに臨む姿勢を常に考えることが大切です。

# 製品を正しく作っているかどうかを保証する製品開発プロセス

### ⚗ 製品開発プロセスとプロジェクトマネジメントの違い

　製品開発プロセスとプロジェクトマネジメントには強い関連性がありますが、この2つは異なる補完的なプロセスです。製品開発プロセスでは、開発に必要なその作業がどのようなもので、どのようにして正しく行うのかといった正しい開発の進め方を重視します。プロジェクトマネジメントでは、作業が効率的に行われるように、コミュニケーションと調整を重視します。1つの製品開発プロセスは、1つまたは複数のプロジェクトで構成されます。

　製品開発プロセスには創薬のように10年や15年といった長期にわたるものもあり、その場合、基礎研究、有効性・安全性の確認、臨床試験、申請と審査、承認、販売、生産など何百もの個別のプロジェクトが含まれたりします。そして、それぞれのプロジェクトは、プロジェクトマネジメントのライフサイクルである「定義」→「計画」→「実行」→「終結」に従って行われることになります。

# 価値を生み出す開発アプローチの選択

　製品開発プロセスは最初のコンセプト開発から制作、提供までの手順を示すものですが、プロジェクトマネジメントは、製品開発プロセスの特性ごとに、ウォーターフォール型とアジャイル型の2つの開発アプローチに対応しています。ウォーターフォール型とアジャイル型の区別が初めて登場したのは、ソフトウェア開発の現場でした。

　この2つの開発アプローチの選択の検討に重要なのは、「どちらのア

図表3-1 開発アプローチ

予測型　　　　ハイブリッド　　　　適応型

徐々に反復型および漸進型へ

出所:『PMBOK®ガイド』第7版

プローチが最も価値を生み出すか」という視点です。言い換えると、「どのアプローチが、最も有用な製品を、最も短い時間で、最も低いコストで提供することができるか」です。

## ▶ 製品開発プロセスを反映した開発アプローチを選択する

　製品開発プロセスは作る製品の種類に応じて固有のものですが、プロジェクトマネジメントの手法はより普遍的なものです。ただし、直線的な製品開発プロセスに適したプロジェクトマネジメントの予測型開発アプローチは、アジャイルフレームワークではうまく機能しない可能性があるといったことなどを認識しなければなりません。

　重要な教訓は、「プロジェクトマネジメントの手法は、製品開発プロセスを反映させたものであるべき」ということです。チームは自分たちの製品開発プロセスを批判的かつ建設的な視点から見直し、直線的な予測型開発アプローチか、反復的な適応型アプローチか、あるいはその組み合わせのハイブリッド型アプローチか、いずれの開発アプローチが最高の価値を生み出すのかを意識的に選択しなければなりません。そして、プロジェクトマネージャーは、プロジェクトマネジメントツールを駆使して、最も適切なマネジメント手法を適用します。

## ⬡ 予測型開発アプローチ：ウォーターフォール

　ソフトウェア開発が始まった1960年代は、最適なアプローチについ
ての合意はありませんでした。1970年代にはソフトウェア開発戦略が
生まれ、1980年代には多くの情報システム部門がシステム開発ライフ
サイクル（SDLC：System Development Life Cycle）を持つようにな
りました。ウォーターフォールという言葉は、SDLCが一方通行のプロ
セスであることを強調するために生まれました。要求を収集し、設計し、
プログラミングを通してデータベースを構築するといったように、滝
（waterfall）から水が重力で流れ落ちるように、開発フェーズも順番に
進んでいきます。

　プロジェクトマネジメント協会（PMI：Project Management Institute）
では、このような逐次的なアプローチを「予測型」と呼び、2013年か
らこの言葉を使用しています。この場合の「予測型」とは、ライフサイ
クルの早い段階でプロジェクトのスコープについて明確な合意を形成す
ることができ、その結果、プロジェクトチームが信頼性の高いスケジュー
ルと予算を策定できることを意味します。残念ながら、この開発プロセ
スを踏んだ多くの情報システムプロジェクトでは、明確な要求としっか
りとした設計ができるまで、スコープの決定やコストの見積りを正確に
行うことができませんでした。システム構築を計画する前に要求仕様を
まとめ、設計すべきことは理にかなっています。しかし、情報システム
プロジェクトの開発フェーズの見積り精度は低いことが多く、「予測型」
の開発アプローチは、プロジェクトのコストやスケジュールの予測には
適していませんでした。

## ⬡ 適応型開発アプローチ：アジャイル

　予測型の開発アプローチであるウォーターフォールで頻繁に発生した
問題は、初期段階でシステム要求を完全に把握することの難しさでした。

これにより、顧客や利用者の多くは、将来のシステムがどのように機能するのかを具体的にイメージすることができなかったのです。

　一方、アジャイルでは、この難しさを新しいものを作るための自然なこととして受け入れます。適応型の開発アプローチであるアジャイルは、システムやソフトウェア製品の大まかな目標から始めて、一歩一歩要求を素早く改善しながら、反復をそのつど繰り返すように作り上げていきます。このように、開発を進める中で行う反復作業のことを「**イテレー**

**図表3-2　ウォーターフォール型とアジャイル型の開発アプローチと違い**

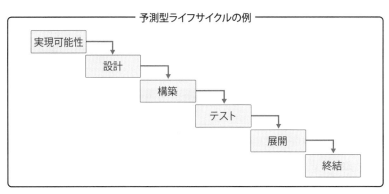

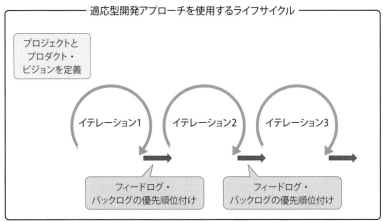

出所：『PMBOK®ガイド』第7版から引用した図を一部加工

ション」といいます。

　アジャイルによるソフトウェア開発では、チームはシステムの最初の部分を顧客や利用者に実際に使ってもらえるように制作していきます。顧客や利用者は、それが納得いくものでなければその理由を説明し、その説明を受けたチームは制作に再挑戦します。各イテレーションは、その要求を読み取り、設計し、ソフトウェアを制作し、テストし、最後に利用者に見せるという流れで構成されています。

### ❖ プロダクト・バックログへの要求の優先順位付け

　アジャイルによるソフトウェア開発の大きな特徴は、プロジェクト立上げ時に製品全体を概要レベルで記述し、製品の主要な要素を「**プロダクト・バックログ**」と呼ばれるリストに分割することです。主要機能は、短時間のブレーンストーミングでリストアップされ、イテレーションが始まるたびに、追加する最も重要な機能を選びます。残りの機能は、重要度の高いものから低いものの順にリストアップされ、優先順位の付いたプロダクト・バックログが作成されます。複数回のイテレーションの後、将来的に製品を改善するための他のアイデアも浮かぶかもしれませんが、あまり重要ではないアイデアであれば追加しません。リリースした製品が収益を上げられるようになったら、必要な機能の追加を検討すればよいのです。機能に対する要求は、その機能に焦点を当てているイテレーションの間だけ検討します。その結果、要求をいつまでも検討するために時間を費やす必要はなくなります。

## アジャイル型開発アプローチの特徴的なメリット

　アジャイルは、ソフトウェアや情報システムの開発プロジェクトでは特徴的なメリットがあるため急速に普及していますが、ソフトウェア開

発プロジェクト以外でも活用可能な手法です。

　キッチンやバスルームのリフォームを検討する際、最新の製品が展示されているショールームを訪れるのが一般的です。ショールームでは、実際に自分の家に設置したい器具や、具体的な使い勝手といったイメージを伝えることができるので、顧客とリフォーム業者が具体的なイメージを共有することができます。アジャイルのイテレーションも同じ目的で行われます。

## ▷ イテレーションにより、正解が見えてくる

　情報システムなどの開発プロジェクトの場合、開発チームは顧客に将来の情報システム全体を想像してもらうよりも、イテレーションを使ってシステムの一部の動作部品を作ることのほうが効率的です。この方式をとるメリットは、顧客や利用者自身がイメージしている姿が説明できないとき、「見ればわかる」という顧客や利用者のジレンマを解消することにあります。

　一方で、「見ればわかる」ことでイテレーションの成果を顧客や利用者からダメ出しされる可能性もあります。その場合、顧客や利用者は自分たちが望むカタチに対して具体的なイメージがはっきりしているため、イテレーションの結果を踏まえてより良いアイデアを顧客自らが出すことにより、次のイテレーションでは理想形に近いアウトプットにつながっていきます。

　このように、イテレーションは問題を解決するための最善策について、顧客や利用者とチームの理解を徐々に深めていきます。

## ▷ イテレーションにより、迅速に価値が提供できる

　製品のすべてが完成されるのを待つのではなく、段階的に提供され使用できれば、顧客や利用者は完成形を待つ前により早くその恩恵を受け始めることができます。これが、適応型のアジャイル開発アプローチと

予測型のウォーターフォール開発アプローチを用いたソフトウェア製品開発の大きな違いです。予測型開発アプローチではプロジェクトの最初の数カ月は要求の文書化やソリューションの設計に費やされることになる可能性がありますが、適応型開発アプローチではチームは最終的なソリューションの一部を既に動作させることが可能となります。

## ⁑ イテレーションにより、スコープが縮小する

予測型開発アプローチの限界は、顧客や利用者が要求段階でしか、スコープを拡大できないことです。なぜなら、要求に基づいて開発のための予算が組まれるため、新しいアイデアや変更は変更管理（第16章参照）の対象となり、予算を上回るとして拒否されることになるからです。その結果、優先度の低い要求であってもスコープ・ベースラインの一部となり、設計、開発、テストの負荷が増すことになります。

完成させた部分から順次に本番稼働させる「インクリメンタル・デリバリー」（140ページ参照）では、最も重要な部分を最初に提供します。各イテレーションの前に、顧客や利用者は次に何を作るかを決定します。ソリューションの新しい部分がそれぞれ実際に機能するので、顧客や利用者はソリューションが機能していることを実感できます。そして、それが十分かどうかも確認できるため、最終的に完成した製品は必要十分な機能で、かつ価格も抑えられる可能性があります。

## ⁑ ハイブリッド型開発アプローチの選択肢

常に直線的な予測型アプローチとイテレーションにより段階的に成果を出していく適応型アプローチの間でプロジェクトを進めるプロジェクトチームでは、予測型のウォーターフォール開発アプローチの各フェーズにおいて、適応型のアジャイル開発アプローチを組み合わせたハイブリッド型開発アプローチをとることで多くの恩恵を受けられる場合もあります。

　例えば、ウォーターフォール寄りの考え方に沿ったハイブリッド型アプローチでは、開発工程の大枠は上流工程である「要件定義」「基本設計」と下流工程である「結合テスト」「総合テスト」を指しています。これらの上流工程、下流工程の部分は実態や進捗を確認しやすいのですが、中流工程である「詳細設計」「製造（プログラミング）」部分は実態や進捗が見えにくいため、アジャイル方式で行うことでウォーターフォール方式の弱点を補います。

　アジャイル寄りの考え方に沿ったハイブリッド型アプローチでは、プロジェクト初期段階では小さい単位で開発計画を行います。特に、先行きが不透明で技術的課題が残されている状況では適応型であるアジャイル方式で進めるほうが望ましいでしょう。協議を重ねて仕様が固まったタイミングでウォーターフォール方式に切り替えてプロジェクトを軌道に乗せます。

　プロジェクトマネジメントにおいては、プロジェクトマネージャーだけでなく、チームや経営陣も自分たちのプロジェクトの特性や製品開発プロセスに合った開発アプローチを選択あるいは組み合わせる柔軟性が求められます。

## ▶ フィードバックを得ながら学習を促進する

　MVP とは Minimum Viable Product の略で「最小限の実行可能な製品」を指し、アジャイルソフトウェア開発の概念に見られます。イノベーションは多くの場合、インスピレーションから生まれます。スタートアップは、常に問題を解決するための新しい方法を思い描いています。

　よく知られている例として、マーケティング施策の一環で、顧客や利用者の要望を確認するために、MVP を使っての実験が挙げられます。MVP は、可能な限り本音のフィードバックを得るために、顧客や利用者に試用してもらう機能が備わっています。MVP による実験は複数回にわたり、常にフィードバックと軌道修正を行いながら進められます。

# 第 2 部

# プロジェクトの定義

# ビジネスケースを創出し、成功を定義する

なぜこのプロジェクトが重要なのか？　我々の目標は何か？
誰にどんな便利さを約束するのか？
誰が何に対して責任を負うのか？　誰が権限を持っているのか？
どのようにしてコミュニケーションをとるのか？
成功をどのように判断するのか？

　これらの質問は、新しいプロジェクトに着手するたびに繰り返される
ものです。これらの質問の答えが、プロジェクトのルールに反映される
ものであり、プロジェクトに関わるすべての利害関係者（ステークホル
ダー）は、このルールに同意する必要があります。

　プロジェクトの立上げ、定義を経て、次のフェーズである計画に移り
ますが、ここではプロジェクトがどのようにして始まるのか、そして、
ステークホルダーがプロジェクトの定義と方向性に合意するための重要
な活動とは何かについて見ていきましょう。

## 取り扱うテーマ

**第4章 ■ プロジェクトの立上げ**
　課題や機会を価値あるビジネスケースに変える

**第5章 ■ コラボレーション**
　ステークホルダーを巻き込み、協力を得る

**第6章 ■ ルール**
　プロジェクトのルールを定め、合意形成する

# プロジェクトの立上げ

## 課題や機会を価値あるビジネスケースに変える

　プロジェクト・ライフサイクルの中で大きな決定とは、最初の決断、つまりプロジェクトを立ち上げることです。

　プロジェクトの立上げには、そのプロジェクトに関連する市場需要、顧客のニーズ、技術的進歩、法的用件、生態系の影響、社会的ニーズなど、さまざまな要因を慎重に分析してからビジネスケースを作成します。

　PMBOK® ガイドでは「ビジネスケース」を以下のように定義しています。

　「文書化された経済的な実現可能性調査。十分な定義がないまま選ばれたソリューション・コンポーネントのベネフィットの妥当性を確立するために使用される。また、さらなるプロジェクトマネジメント活動を認可するための基盤として使用される。」「遂行された成果の結果として、組織やその他のステークホルダーが実現した利益と資産。」(『PMBOK® ガイド』第7版より)

　そして、実際にプロジェクトを立ち上げるには、組織の中でプロジェクトを運営するための規律とプロジェクト環境に対する徹底した分析が必要であり、どんなに価値のあるプロジェクトであっても、組織の他のプロジェクトや戦略と関連させたうえで検討します。

# プロジェクト・ライフサイクルにおける プロジェクトの立上げ

　プロジェクトの立上げは、課題や機会を調査するためにも必要な作業です。調査の結果、プロジェクトを立ち上げるべきと判断する場合もあれば、それ以上の行動に値しないと判断されることもあります。こうした調査・分析作業は、非公式に始まります。問題のソリューションを探るために誰かを任命することから始まることもあります。

　また、市場の創造や拡大、ビジネス・オペレーションのコストの削減につながる新製品のアイデアから始まることもあります。これらのアイデアは、展示会への参加、記事の閲覧、従業員からの提案、顧客の声など、さまざまな接点から得られるものです。

　プロジェクトが非公式な形で始まることもあるので、本来あるべき厳密さが見落とされることもあるでしょう。だからこそ、プロジェクトの

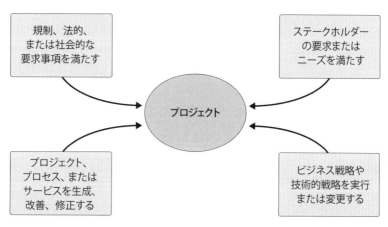

図表4-1　プロジェクトを立ち上げる背景

出所：『PMBOK®ガイド』第6版

56

立上げを承認する基準を明確にすることが重要なのです。非公式で曖昧なプロジェクトの立上げであっても、最終的には正式に検証されます。

　課題設定やアイデアは、最初は漠然と定義されています。プロジェク

### 図表4-2　プロジェクトの創成につながる要因の例

| 特定要因 | 特定要因の例 |
|---|---|
| 新技術 | コンピュータ・メモリや電子機器技術の進歩に伴い、電子機器企業がより高速、低価格、しかも小型のラップトップを開発するためのプロジェクトを承認する |
| 競合他社の勢力 | 競合他社の価格引き下げに応じて生産コストの低減を図って競争力を維持する必要がある |
| 部材に関連する課題 | 開発した地方自治体管理の橋梁の支持部材に亀裂が生じ、プロジェクトに修理の必要性が伴う |
| 政治的な変化 | 新しく選出された議員が現行プロジェクトへの資金投入に変更を求めている |
| 市場の需要 | 自動車会社が、ガソリン不足に対応して低燃費車の開発プロジェクトを認可する |
| 経済的な変化 | 景況の悪化に伴い、現行プロジェクトの優先事項の変更を余儀なくされる |
| 顧客の要求 | 電力会社が、新しい工業団地向けの新変電所の建設プロジェクトを認可する |
| ステークホルダーからの要求 | 新しいアウトプットを当該組織で生産するよう求めている |
| 法的要求事項 | 化学品メーカーがプロジェクトにて新しい有害物質の適正な取り扱いに関するガイドラインの確立を認可する |
| ビジネス・プロセスの改善 | 組織がリーン・シックスシグマの価値マッピング実践結果に基づいてプロジェクトを実行する |
| 戦略的機会やビジネス・ニーズ | トレーニング・プロバイダーが収益アップを題材とする新しいコースの作成に向けたプロジェクトを認可する |
| 社会的ニーズ | 発展途上国の非政府組織が伝染病の高い地域に飲料水施設や衛生施設を設置し、衛生教育を施すプロジェクトを認可する |
| 環境への配慮 | 公共企業が汚染軽減に向けて電気自動車共有サービスを開発するプロジェクトを認可する |

出所：『PMBOK®ガイド』第6版

トの立上げ時の活動では、プロジェクト承認の判断材料となる具体的な事実を揃え、仮説を立てます。

企図したプロジェクトが実施する価値のあることを示す文書である「ビジネスケース」を作成する作業は、分析フェーズであり、「フィージビリティ・スタディ（実現可能性調査）」と呼ばれることもあります。この作業が十分かつ重要なものであれば、それ自体がプロジェクトになります。

## ❖ プロジェクト立上げ時のプロジェクトマネージャーの役割

プロジェクトが正式に承認される前にプロジェクトの立上げが行われる場合、立上げ時のプロジェクトマネージャーの役割は次の3つです。

- 立上げフェーズの管理
- 分析作業の実施
- プロジェクト承認後のビジネスケースのレビュー

分析に要する労力は、大規模で複雑なものになる可能性もあり、実際のプロジェクトと同様、人や作業を調整するプロジェクトマネージャーのスキルが必要です。

**プロジェクト立上げ時に特に必要なスキルとは、「ステークホルダーの分析」「問題解決」「根本原因の分析」「ソリューションの設計」「費用対効果の分析」などです。**これらは、プロジェクトが立ち上がる前の構想段階で求められるビジネス分析に属するもので、通常のプロジェクトマネジメントの枠を超えていますが、これらの能力はプロジェクトマネジメントを補完するものとして、身につけておくことが望ましいでしょう。実際、立上げフェーズの管理能力や分析作業の実施能力が求められることは現実にありうることです。

### ❖ 立上げはポートフォリオマネジメントと連動する

　プロジェクトの立上げ時には、プロジェクトを評価するためにビジネスケースが作成されます。組織が戦略目標を達成するためにプロジェクト、プログラム、サブポートフォリオ、および定常業務をひとまとまりにマネジメントするポートフォリオマネジメント・プロセスを導入している場合、各ビジネスケースは戦略と一貫した情報を提供し、すべての潜在的なプロジェクトが互いにランク付けされます。ポートフォリオマネジメントは、組織の限られた資源を、最良の結果をもたらすプロジェクトに割り当てます。資源の測り方には、財務的な分析、その他要素の無形の測定法もあります。ビジネスケースの内容にはポートフォリオの選択基準が反映されます。

# ビジネスケースは将来のビジネス価値を定義する

　**ビジネスケースは、プロジェクト化すべき理由、得られるベネフィットと費用のバランスを説明し、プロジェクトが実行された場合に達成できる将来の状態を明確にします。** プロジェクトは価値を提供すべきもので、その価値はビジネスケースに明確に記述されていなければなりません。プロジェクトマネージャーは、ビジネスケースを次のように批判的かつ建設的な目で見ます。

- 要求された成果物と期待される成果の間に、明確な関係があるか？
- コストやスケジュールは現実に根ざしているか？
- 前提条件をすぐに証明できるのか？

　曖昧に始まる立上げ段階では、批判的かつ建設的な視点と問題解決能力が必要です。質問を投げかけ、論理に誤りがないかを検証することが

価値をもたらします。既に委任されたプロジェクトの正当性に異議を唱えることは難しいかもしれませんが、ビジネスケースを批判的かつ建設的な目で作成または分析する勇気とスキルは、組織に貢献するプロジェクトマネージャーの影響力と評判を高めることになります。

## ビジネス・リスクとプロジェクト・リスク

ビジネスケースを作成するには、仮説を立て、予測を行う必要がありますが、それらはすべて間違いに終わる可能性もあります。

例えば、不動産開発業者が新しい集合住宅に投資し、最初のテナントが入居する 12 カ月前に着工するとします。損益分岐点に達するまでには、何年もの家賃収入が必要になります。その間に経済不況など何らかの環境変化があり、当初予測どおりの賃貸収入が得られないこともあるからです。そのマンションの需要は何年経っても高い入居率を維持できるのか？　また、賃貸市場全体で期待どおりの賃料が得られるのか？　といった質問の回答は、ビジネス・リスク、すなわち、事業に投資する際にオーナーが負うリスクですが、ビジネスケース作成時にはリスクも勘案しなければなりません。

ただし、ビジネス・リスクはプロジェクト・リスクとは別物であることに注意が必要です。プロジェクト・リスクとは、主に、約束した成果物を期待したコストとスケジュールでの提供を担保することです。プロジェクトマネジメントにより、集合住宅が正しく建設され、納期と予算が守られれば、プロジェクト・リスクはうまく管理されたことになります。ビジネス・リスクは、集合住宅の耐用年数が尽きるまで残ります。この場合、ビジネス・リスクは、プロジェクトマネージャーの責任外です。

# プロジェクトの立上げと要求管理の密接な関係

　プロジェクトの完成度を判断するには、プロジェクトの目的や目標の設定が必要です。そして、目標の設定には、要求を引き出すこととその管理が必要です。プロジェクトのビジネスケースを作成するうえで、重要な要求にはさまざまな種類があります。初期の要求は、プロジェクトを検討している企業・組織体のニーズを記述しているため、「**ビジネス要求**」と呼ばれます。**ビジネス要求は、さまざまなステークホルダーがプロジェクトの成果や成果物を使うことで、将来、どうなるのか、何ができるようになるのかを記述したもの**です。ビジネス要求は、プロジェクトが提供するベネフィットと密接に関係しています。なぜなら、要求に記載されている条件や機能を提供できれば、ステークホルダーはベネフィットを享受できるからです。

　PMI が発行するプログラムマネジメント標準では、ベネフィットを以下のように定義しています。

**「遂行された成果の結果として、組織やその他のステークホルダーが実現した利益と資産。」**（『PMBOK® ガイド』第 7 版より）

## ❖ ビジネスケースのモニタリング

　ほとんどのプロジェクトでは、プロジェクトが完了して定常業務に組み込まれるまで、生み出したベネフィットは実感できません。投資価値が見えるようになる前に、プロジェクトは終了し、チームは解散しているかもしれません。これは、プロジェクトの立上げ前にどれだけ徹底的に調査しても、その成果を測ることはできないことを意味します。そうなると、プロジェクトの完成後に目的としていたコスト削減が実現したのか、市場シェアが高まったのかも、承認されたプロジェクトの妥当性

もわかりません。

　事業コストの削減度合いや提供する製品・サービスの市場占有率など戦略的な指標は時間が経ってからわかることが多く、その指標は企業を取り巻く内外の環境要因や組織の方針、手続き、知識や実績などのプロセス資産をはじめ多くの要因の結果に左右されます。

　ソフトウェアの新製品開発を例に説明しましょう。

　プロジェクトの立上げ段階では、市場の需要、潜在的な利用者のニーズ、活用できる技術かを見極め、解決すべき課題の根本原因を掘り下げます。その後、ビジネスケースを作り、これから開発する新製品がどのように課題を解決したかを測るための指標を設定します。例えば、顧客満足度、利益率、新機能追加の頻度、問い合わせサポート業務の効率性、不良品の発生件数、新製品の市場占有率などが考えられます。

　プロジェクトの目標も、解決すべき課題の根本原因への対処に向けられます。例えば、不便さを解消するソフトウェア製品が市場に存在しない、存在しても高価な場合などが考えられます。そう考えると、ビジネスケースに関するモニタリングも、元となる課題の根本原因による変化を見ることが重要です。

　特に、ソフトウェアの新製品開発プロジェクトがもたらす効果のモニタリングはますます重要性を増しており、ビジネスケースが示す成果の達成状況を、いつ、どのように測定するかを明確にしておく必要があります。成果が出る前にプロジェクトチームが解散してしまう可能性を考えると、継続的にモニタリングを担当する組織の推奨事項も明らかにしておくのがよいでしょう。

　ここで1つ新製品開発ならではの問題があります。変革やイノベーションを求めるステークホルダーは、何が望ましいかのビジョンを持っていますが、最適なソリューションや実現するためのアプローチを言語化し、説明できないことがよくあります。

　ビジネスケースのモニタリングにあたっては、プロセスの言語化や、

ソリューションの実現方法まで掘り下げてビジネスケースが示す成果の
測定指標を作成するスキルも必要とされますが、これは要求工学の領域
であり、要求事項を明確にするには訓練が必要です。

　業務分析を専門に行うビジネスアナリスト（285 ページ参照）は、IT プ
ロジェクトにおいてこれら要求管理のスキルを発揮します。例えば、ファ
シリテーションのスキルを用いて、ステークホルダーが本当に達成した
いことを明確にし、前提条件と制約条件の下でソリューションの範囲を
広げていきます。ファシリテーションを通して、新製品開発に関する構
想段階の活動を支援し、集団としての問題解決、アイデア創造、教育、
学習等を促します。

# ビジネスケースの基本的な内容

　プロジェクトを選定するために必要な情報や分析は、業界やプロジェ
クトの規模によって大きく異なります。ここで説明するのは、プロジェ
クトを選定する立場の人々が必要とする最低限の内容です。

● プロジェクトの目標

　指定された期間にプロジェクトから得られる具体的な望ましい成果を
記述します。これは、プロジェクトが完了した後に得られるビジネス価
値です。

● 問題・機会の定義

　ソリューションの提案ではなく、問題・機会を記述します。プロジェ
クトの承認者は、そのプロジェクトが行われる根本的な理由を理解して
いなければならないので、問題・機会を明確に記述します。

● 提案されたソリューション

問題・機会の解決のために、プロジェクトが何をするのかを説明します。どのような組織、ビジネス・プロセス、情報システムが影響を受けるかなど、ソリューションについてできる限り具体的に説明します。必要に応じて、このソリューションのスコープ外にある関連事項、システム、またはビジネス・オペレーションの観点からも説明します。

● プロジェクトの選定基準とランク付け基準

理想的には、組織が具体的な選定基準やランク付け基準を持っていれば、ここで取り上げます。また、組織における戦略目標を達成するために設けられた正式なポートフォリオマネジメント・プロセスが存在する場合、予算、資源（人材、設備）の配分を決定する経営陣からなる選考委員会がプロジェクトを他のプロジェクトと比較してランク付けする際に役立つカテゴリーを設定します。

**プロジェクトがもたらすベネフィットのカテゴリー**：ベネフィットは通常、以下のカテゴリーのいずれかに分類される。

- **コンプライアンス・規制**
- **効率性・コスト削減**
- **収益の増加**

**ポートフォリオの適合性と相互依存性**：プロジェクトが、組織が推進している他のプロジェクトや、組織全体の戦略とどのように整合しているか？

**プロジェクトの緊急性**：このプロジェクトは、組織にとって、どれだけ早く着手しなければならないか？　緊急性の理由は？

● 費用便益分析

プロジェクトの財務上の観点から、コストと比較して期待される利益を分析し、投資収益率を定量化します。

**有形のベネフィット**：有形のベネフィットは測定可能であり、記述された問題・機会に対応している。例えば、金融資産、利益など。

**無形のベネフィット**：無形のベネフィットは、測定は難しいものの重要。例えば、タスクの複雑さを軽減することが、従業員の負担を減らし、満足度というベネフィットを高めることができる。例えば、のれん、ブランド価値、公益性など。

**必要な資源（コスト）**：必要とされる労働力やその他の資源として、社内（従業員）の労働時間、社外の労働力、資本投資などがある。プロジェクトの成果に必要とされるこれら継続的に要するコストは認識されるべきだが、プロジェクトのコストとは別に考える。

**財務的リターン**：プロジェクトの先行コストと、時間をかけて達成される予想される利益を比較する財務手法は数多くある。

● ビジネス要求

オーナー・顧客の視点から要求を記述します。「このプロジェクトが成功したと判断されるのは」といった表現を使って要求を記述すると、顧客が望む真の最終状態を正確に記述できる可能性が高くなります。

● スコープ

プロジェクトの目標を達成するために必要な主な達成事項をリストアップします。これには、プロセスやポリシーの変更、トレーニング、情報システムの更新、施設の変更などが含まれます。プロジェクトの目的や条件等を記述したプロジェクト憲章と重複していますが、ビジネスケースのスコープを詳細に記述するために必要です。

● 課題とリスク

成功の障壁となる主な課題と、混乱や失敗を引き起こす可能性のある既知のリスクを明らかにします。課題とリスクの違いは、リスクは発生

する可能性であり、課題は実際に発生したものです。

● スケジュール概要

スケジュール概要には、プロジェクトの予定期間（計画された開始と終了）、重要なマイルストーン（プロジェクトの実施において確認すべき期日やチェックポイントのこと）、および主要なフェーズを記述します。これは初期のスケジュール見積りであり、プロジェクトの定義や計画の過程で改善されていきますが、スケジュール予測の正確さについて状況を把握することで、常に期待を管理することができます。

# 立上げプロセスの設計

立上げプロセスを設計する際に考慮すべき 2 つの重要な要素は、「リスク」と「見積り」です。どちらも、プロジェクトが承認された時点で存在する固有の未知数に関連しています。

● リスク

リスク・マネジメントとは、脅威と機会を特定し、その脅威を減らし、機会を最適化するために積極的に取り組むプロセスです。プロジェクト立上げ時にどれだけ綿密に準備をしても、ビジネスケースには多くの未確定要素が含まれています。予測されたコストや利益が変わる可能性もあります。

● 見積り

見積りは、プロジェクトの期間中に残っている既知および未知のものを反映したものです。早い段階での見積りは、精度も低くなります。一方、正確な見積りとは、プロジェクトが完了している状態の見積りです。

なぜなら、それは不測の事態が起こらないからです。

　プロジェクト立上げプロセスでは、プロジェクトは多くの前提条件に基づいて承認されます。その前提条件はプロジェクトが進行するまで、あるいは完了するまで、真偽が証明されることはありません。フェーズごとの見積り手法は、このバランスをとるための最良のアプローチです。

　また、プロジェクト遂行の各フェーズを検証し、次の段階に移行する判断を行うフェーズ・ゲート・レビューは、前のフェーズで達成したことや学んだことから、ビジネスケースを再評価し、ガバナンスを強化させるために機能します。

# 第 5 章

# コラボレーション

## ステークホルダーを巻き込み、協力を得る

　プロジェクトに参加する人やプロジェクトの成功を最終的に判断する人だけでなく、プロジェクトに利害関係が生じる組織などもステークホルダーです。顧客、意思決定者、ベンダー、従業員はもちろんのこと、広義には、プロジェクトに貢献する人、プロジェクトの結果に影響を受ける人すべてがステークホルダーになります。

　ただし、実質的なステークホルダーは、プロジェクトマネージャーの指導の下、プロジェクトの目標や制約条件についての合意を形成し、戦略やスケジュールを構築し、予算を承認する人たちであり、プロジェクトを成功させるための中心的存在です。プロジェクトの定義や計画の段階で重要な決定を下すのは、すべてこのステークホルダーであるため、ステークホルダーを特定することが、プロジェクトにおいて第一の課題となります。

# 初期の認識と成長するエンゲージメント

　プロジェクト立上げフェーズでは、ステークホルダーの特定に関する意識は最も広範なものになっているかもしれません。この段階では、すべての潜在的なステークホルダーと積極的にコミュニケーションをとる必要はありませんが、より多くのステークホルダーを認識すればするほど、プロジェクトが影響を与えるすべての人々にどのように受け取られるかについて、より良い前提条件を立てることができます。

　早期にステークホルダーを認識することで、プロジェクトが考えている変更に関係する他の部門、システム、プロセスを特定することができ、コストやリスクに関する想定が変わる可能性があります。プロジェクトが承認され、プロジェクトマネージャーとチームが作業を開始すると、プロジェクトが完了するまで、プロジェクトに積極的に関与するステークホルダーの数が増えていきます。プロジェクトに勢いがつき、ステークホルダーが増えてくると、「影響は受けているが、積極的に関与していない」グループの存在への注視を怠りがちです。しかし、注視を怠ると、これらのステークホルダーは、変更を認識したときに、障害として、また敵対者として現れることになります。

　プロジェクトマネジメントが重視する新たな傾向は、プロジェクトの結果として行動を変えなければならない人たちを積極的に巻き込むことです。プロジェクトチームは、プロジェクトの実施・展開時において、ステークホルダーの協力を前提とするのではなく、影響を受ける人々にきたるべき変化を警告し、協力を得るための行動を早期に実行し、関係者たちとの深いつながりを持ったエンゲージメント（組織への自発的な貢献意欲）を醸成していきます。これらの戦略や技法は、第15章で説明するチェンジマネジメントの分野に該当します。

# ステークホルダー・マネジメントは人に対する リスク・マネジメント

　ステークホルダーを特定し、関与させる試みがより体系的であるほど に、プロジェクトが提供する価値は大きくなります。ステークホルダー・ マネジメントのプロセスは、リスク・マネジメントのプロセスと比較す ることができます。どちらも、識別に始まり、優先順位付け、分析へと 進みます。リスク分析では、機会の最適化と脅威の軽減のための戦略を 立てます。ステークホルダー分析では、コミュニケーションを改善し、 適切な人を適切なタイミングで巻き込むための戦略を立てます。また、 潜在的な敵対者を特定し、その影響を軽減するための戦略を立てます。 プロジェクトの進行に伴い、プロジェクトチームは既存のステークホル ダーをモニタリングし、新たなステークホルダーを特定するために、リ スクと同じ活動を行います。

　まず大事なことは、最初の重要なステップであるステークホルダーの 発見に焦点を当て、ほとんどのプロジェクトで必要となるステークホル ダーの４つの役割と、彼ら彼女らのプロジェクトにおける典型的な利害 関係について見ていきます。さらに、目立たないが影響力のあるプレイ ヤーを見つけることにも留意します。

## ❖ すべてのプロジェクトにおけるステークホルダーの役割

　役割は肩書きではありません。副社長がスポンサーの役割を果たすこ ともあれば、顧客の役割やプロジェクトマネージャーの役割となること もあります。確立されたフェーズ・ゲートによる開発プロセスのある組 織では、そのプロセスに合わせて特殊な役割を設けることがあります。

　アジャイル開発手法の１つとして生み出された「**スクラム**」では、プ ロダクトオーナーやスクラムマスターなど（「第 10 章 アジャイル」で詳細

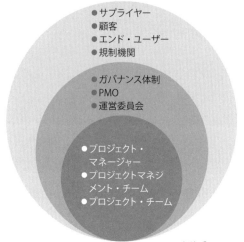

図表5-1　プロジェクト・ステークホルダーの例

- サプライヤー
- 顧客
- エンド・ユーザー
- 規制機関

- ガバナンス体制
- PMO
- 運営委員会

- プロジェクト・
  マネージャー
- プロジェクトマネジ
  メント・チーム
- プロジェクト・チーム

出所：『PMBOK®ガイド』第7版

に説明）、責任が明確になっている役割があります。次に説明する役割は、どれもプロジェクトに必要なものですが、すべての組織がこれらの名前を使用しているわけではありません。プロジェクトの主な役割に目を通しながら、その役割のプロジェクトへの貢献（資金、要求、権限、資源など）を考え、プロジェクトでは誰がその貢献をしているかを確認することで、誰がその役割を果たしているかを知ることができます。

## ステークホルダーの役割①　プロジェクトマネージャー

　交響楽団の指揮者が旋律を調和するためにオーケストラを指揮するように、プロジェクトマネージャーはプロジェクトに関与する多様なグループを調和させなければなりません。プロジェクトを計画し、ステークホルダーを特定し、スケジュール超過やコスト超過をモニタリングし、コンフリクトを仲裁するなど、プロジェクトのあらゆる場面で主要な役割を担っています。

　また、権限、報告先、裁量による自由、期待などプロジェクトに参加するステークホルダーの役割を明確にしなければなりません。もちろんプロジェクトマネージャーもまた重要なステークホルダーです。

　プロジェクトの規模が大きくなり、組織の垣根を越えて、プロジェクトマネージャーの役割が複数の人に分散することがあります。プロジェクトマネジメントの任務を分散させる場合も、全員の責任と権限を明確にしておきましょう。

## ▶ ステークホルダーの役割②　プロジェクトチーム

　作業を担当するのは、プロジェクトマネージャーと連携したプロジェクトチームです。プロジェクトに時間、スキル、労力を提供するすべてのグループと個人がチームメンバーとみなされます。プロジェクトに任命された社員だけでなく、納入者（ベンダー、請負業者）、さらには顧客も含まれます。

　プロジェクトでサービスを受けるのは顧客なので、顧客をチームメンバーとする概念は一見わかりにくいかもしれません。しかし、顧客がプロジェクトのために特定のタスクを持っていることは珍しくありません。例えば、情報システムのプロジェクトでは、顧客はシステムの定義や設計の段階から積極的に参加することが多く、また、オフィスビルの移転プロジェクトでは、顧客は建設された施設の引き渡しの際に、管理運営担当者に対して、管理運営に必要な訓練を手配することもあります。

　誰がチームの一員となるかは、プロジェクトの立上げ時、定義と計画の段階で決定されますが、チームメンバーがプロジェクトにおける自分の責任と役割に同意したときに決定します。小規模なプロジェクトでは、必要なステークホルダーを特定するのは簡単ですが、大規模なプロジェクトでははるかに難しく、時間もかかります。しかし、プロジェクトチームの構成がプロジェクトの成功を左右するため、この時間は有意義なものです。

## ステークホルダーの役割③　マネジメント

　プロジェクトを成功させるためには、会社のマネジメント層との協働体制を築くことが重要です。ここでいうマネジメント層とは、職能としてのマネジメント層を指し、「ラインマネジメント」とも呼ばれます。課長、部長、執行役員などが該当します。

　成功するプロジェクトの特徴として、「マネジメントの支援」があります。多くのプロジェクトマネージャーは、「適切な人材を適切な時期に確保すること」や「プロジェクトチームが提示した事実に基づいてタイムリーな決定を行うこと」をマネジメントの支援に求めています。

## ステークホルダーの役割④　顧客

　ステークホルダーとしての顧客を特定することは簡単ではありません。例えば、社内のすべてのデスクトップ・コンピュータに最新のOSをインストールする仕事を任されたプロジェクトマネージャーの場合を考えてみましょう。OSをインストールする際には、次のような選択肢が考えられます。

　「どのオプションをインストールするかを誰が決めるべきか？」

　「この決定は、コンピュータを使用する従業員が行うべきなのか？」

　「その人たちが顧客なのか？」

　「それとも、このプロジェクトに資金を提供している雇用主が決定するのが妥当なのだろうか？」

　こうした場合、プロジェクトマネージャーは、「顧客は誰か？」という問いにとどまらず、「導入要求を決定するためにどのようなプロセスを踏むべきか？」、また「コストとベネフィットのトレードオフを決定するために誰が関与すべきか？」を問わなければなりません。

　プロジェクトにおける顧客を正確に特定することは困難です。大規模で多様さを内包する組織であれば、顧客グループの中で、誰がそのグループを代表する権限を持っているのか、正確にはわからないことがありま

す。そのため、ステークホルダーを探す際には、顧客の役割を「要求を提供する人」と「資金を提供する人」に分けることが有効です。

## ❖ 要求の決定

　要求は「**要求事項**」とも呼ばれますが、コスト、スケジュール、スコープのバランスが記述されています。要求事項で問われるのは、
「誰が製品・サービスの要求（または要求の変更）を承認するのか？」
「誰が製品の成功を判断するのか？」
「製品のユーザーはどのようにしてプロジェクトに参加するのか？」
です。その答えが、さまざまな顧客の発見につながります。

　プロジェクトマネージャーは、製品の要求に対する最終的な権限を持つ人、要求を作成する際に相談しなければならない人、単に要求を知らされればよい人を区別しなければなりません。建設、医療、専門サービス、情報システムなど、既知の顧客がいる場合には、このステークホルダーを特定するのは簡単に思えるかもしれません。しかし、顧客組織の多くの人が製品・サービスに対する要求を伝えたいと思う一方で、実際に支払いや予算に関する権限が与えられていないことから問題が発生します。

　製品に多くの顧客が存在する業界（自動車、ソフトウェア、家電製品など）の場合、プロジェクトマネージャーはどの部門をステークホルダーとして含めるべきかを確認する必要があります。こうした業界では、最終的な顧客が非常に多くなるため、プロジェクトでは顧客の代理人を立てる必要があります。製品の機能や性能に関係する人や組織を特定することは、コスト、スケジュール、スコープのバランスを保つための最初のステップです。

## ❖ ステークホルダーからの資金提供

　どんなプロジェクトでも、資源は誰かの手によって提供されます。外

部業者の労力や製品・サービス、購入した機器や資材、社内の労力等、これら資源はすべてコストを要します。社内プロジェクトの資金提供で、特にプロジェクト・スポンサーが、同時にプロジェクトマネージャーとして、プロジェクトの費用を負担している場合には、資金提供と支出の承認の役割は明確です。誰が支出を承認し、誰がその資金が効果的に使われたかを判断するのかに焦点を当てることで、議論がシンプルになります。これらの人々が主要なステークホルダーとなります。

## 影響を受けるステークホルダーが重要な役割を果たす

　プロジェクトの効果は波紋のようなもので、最初のいくつかの波紋から得られる考察から、プロジェクトを完成させるために必要な人や組織、あるいはプロジェクトの成功を評価する人や組織を特定することができます。

　ステークホルダーの例を見てみましょう。

### 決定権を持つマネージャー

　プロジェクトのスポンサーや顧客は、意思決定する場面が何度かあるものですが、すべての決定を下すわけではありません。これは、プロジェクトの初期段階で認識すべき重要なポイントです。なぜなら、それまで関与していなかった人や組織からの決定を待っていると、プロジェクトチーム全体が停滞してしまうからです。

　プロジェクトには大小さまざまな意思決定がありますが、その影響範囲や効果に応じた意思決定を行うマネージャーを特定するのは難しいため、まずはわかりやすいところから始めましょう。

- プロジェクトの結果によって業務に影響を受けるマネージャー
- 顧客など、他のステークホルダーを代表するマネージャー
- プロジェクトマネージャーの直属の上司

それぞれのマネージャーについて、彼らが、プロジェクトマネージャーのプロジェクトに興味を持つのか、どのような意思決定に影響を与えるのかを念頭に置いておきましょう。

## ❖ ステークホルダーを導く

ステークホルダーを特定することで、プロジェクトに貢献してくれる人やプロジェクトの成功を評価してくれる人を認識し、エンゲージメントの範囲を広げることができます。中でも重要なステークホルダーとは、プロジェクトによる成果を上げるために行動を変えなければならない人々です。

例えば、業務効率化を目的として用意された新システムの稼働により、従来の仕事の進め方から、新システムを使用した仕事の進め方へと行動を変えることが考えられます。多くの経験からも、こうした人々に行動を変えるように言うだけでは十分ではなく、協力を得るために積極的に関与しなければならないことがわかっています。

プロジェクトマネージャーは、プロジェクトの成功を判断する人、必要不可欠な貢献をする人など、ステークホルダーを把握するだけでなく、この多様なグループに対してリーダーシップを発揮する必要があります。

# ルール

## プロジェクトのルールを定め、合意形成する

　すべてのプロジェクトはスケジュールも、製品も、関わる人も異なります。そして、どのプロジェクトにおいても、さまざまなステークホルダーが、プロジェクトの目的について異なる考えを持っています。プロジェクトマネージャーの仕事は、ステークホルダー全員にプロジェクトを理解してもらい、成功に向けての合意を得ることです。

　新しいプロジェクトは、ポジティブなリスク（機会）とネガティブなリスク（危険）に満ちています。それは、新たな試みの始まりだからです。不確実な状況の中で活動するため、あらかじめプロジェクトのルールを明確にすることは、プロジェクトマネージャーにとって必要なことです。プロジェクトのルール作りは、プロジェクトマネージャーがリーダーシップを発揮する最初の機会でもあります。プロジェクトの基本的な方向性についてステークホルダーの合意を得ることができれば、リーダーとしての役割を果たす基盤を築くことができるでしょう。

# プロジェクトに必要なルール

プロジェクトの主な成功要因には、次の5つがあります。

- 目標の合意
- 計画
- 良好なコミュニケーション
- コントロールされたスコープ
- マネジメントのサポート

このうち、次の3つの成功要因にはプロジェクトルールが強く関わっています。

- 目標の合意
- コントロールされたスコープ
- マネジメントのサポート

すべてのプロジェクトマネジメント活動は、ルールに基づいて行われるため、プロジェクト立上げ前にルールが承認されることが必要です。プロジェクトチーム、経営陣、顧客といったすべてのステークホルダーが、プロジェクトの目標と進め方に同意する必要があります。これらの合意が文書化されていなければ、プロジェクトの目標や制約条件は日々変化する可能性があります。

それでは、プロジェクトルールを丁寧に書くことが、3つの成功要因にどのような影響を与えるのか、詳しく見ていきましょう。

## ▶ 目標の合意

　プロジェクトルールの合意を得るのは、簡単ではありません。なぜなら、すべてのステークホルダーの意見を聞き、検討しなければならないからです。このやりとりに時間がかかりすぎるため、「本業に専念してほしい」と助言する上司や同僚もいるかもしれません。しかし、急がば回れです。作業を始める前に、プロジェクトの基本的な目標を測るための測定基準についてステークホルダーが合意できなければ、コストが費やされ始めた後に合意できる可能性はさらに低くなります。前提条件や期待値の認識の差を埋める場として、プレッシャーがかかる前の初期段階が最適です。

　プロジェクト成功の定義の1つは、ステークホルダーの期待に応えることです。この期待値を管理するのがプロジェクトマネージャーの仕事であり、その仕事は期待値を文書化し、同意を得ることから始まります。プロジェクトルールは、ステークホルダーの期待を文書化したものです。

　変更管理において、プロジェクトルールは、必要に応じてプロジェクトを途中で変更できる手段を明確にします。変更の可能性があるなら、プロジェクト立上げ前に文書化することの必要性を明確にし、ステークホルダーが、同意したルールに従い、承認しなければならないと定めておくようにします。この文書があれば、プロジェクトマネージャーは、進行中のプロジェクトにおいて、変更によるコスト、スケジュール、スコープへの影響を詳細に把握することができます。

## ▶ コントロールされたスコープ

　プロジェクトはそれぞれ異なるため、立上げ時にはそれぞれが未知数です。この独自性が、プロジェクトのやりがいや楽しさを増す一方で、予算やスケジュールの大幅な超過につながることもあります。あらかじめプロジェクトのスコープを明確に定義しておくことで、これらの超過を回避します。

また、プロジェクトルールを丁寧に取り決めることは、プロジェクトチームの集中力と生産性の維持につながります。

### ❖ マネジメントのサポート

意思決定を他のステークホルダーに認めさせるだけの十分な権限を持っているプロジェクトマネージャーは稀です。そのため、経営陣、上級管理職など権限を持つスポンサーからの支援はプロジェクトの成功に欠かせない要素となります。このマネジメントのサポートをプロジェクトルールに書き入れます。

プロジェクトルールを全員が理解し、同意するための重要なドキュメントが2つあります。「**プロジェクト憲章**」と「**責任分担マトリクス**」です。

プロジェクト憲章は、プロジェクトの全体像を示す目標、前提条件、制約条件を記述したものです。責任分担マトリクスは、ステークホルダーの誰がどのような役割で関わるかを定めて表の形で示すことで業務の分担や責任の所在を明確にすることを目的として作成されます。

ステークホルダーの特定と期待値の設定など、プロジェクト立上げ時には、いくつかのことが同時に進行しています。プロジェクト憲章や責任の所在を明らかにするために、ステークホルダーを特定し、責任分担マトリクスおよびコミュニケーション計画を立てます。

コミュニケーション計画は、プロジェクトマネジメントに関連する成果物として、プロジェクトの初期に作成され、誰にどのように情報を提供するかについての期待が書かれています。

# プロジェクト憲章の発行

プロジェクトは一時的なものであるため、プロジェクトマネージャー

の立場や権威も一時的なものです。プロジェクトが始まったとき、その成功に必要な人や組織は、その存在すら知られていないこともあります。そうしたこともあるので、プロジェクトが正式に認知され、主要な人や組織、そして、意図する成果を明らかにするためにはプロジェクト憲章が必要です。

　プロジェクト憲章は、新しいプロジェクトが始まったことを知らせるものです。また、プロジェクトとプロジェクトマネージャーに対するマネジメントのサポートを示すものでもあり、プロジェクトマネージャーの意思決定権やプロジェクトの指揮権を明確に示すものでもあります。

## ✤ 権威の確立

　プロジェクトマネージャーの権限は、専門家の権威と公式な権威の両方に依拠するものです。専門家としての権威は、仕事の能力により高められます。公式な権威とは、組織から与えられる権限のことです。プロジェクト憲章により、スポンサーから公式な権限を委任されることにより、プロジェクトマネージャーの公式な権威が確立します。

　プロジェクト憲章が与える公式な権威は重要ですが、専門家としての権威と組み合わせることで、より良くプロジェクトをリードすることができるようになります。

## ✤ 適切なスポンサーによるプロジェクト憲章への署名

　プロジェクト憲章は公式な権威を確立するものなので、署名の権威が高ければ高いほど良いようにも思えますが、そうとも限りません。すべてのプロジェクト憲章に社長の署名があったなら形骸的に捉えられて、あまり意味をなさなくなります。スポンサーは、プロジェクトを積極的にサポートするステークホルダーなので、プロジェクト憲章に署名するには最適です。そのため、スポンサーとして適切な人の署名がプロジェクトを推進するうえでのキーポイントになります。

# プロジェクト憲章の作成

　目標の合意と期待値の管理は、プロジェクト憲章から始まります。プロジェクト憲章には、プロジェクトの目標、制約条件、成功基準などが記載されています。プロジェクト憲章は通常、プロジェクトマネージャーがスポンサーと協力して作成します。一度、書かれた内容は、さまざまなステークホルダーとの利害の交渉のうえ、修正を受けます。その内容に正式に同意すれば、それがプロジェクトルールとなります。

## プロジェクト憲章に盛り込むべき7項目

　プロジェクト憲章にはさまざまな内容を盛り込むことができますが、必ず盛り込まなければならない内容もあります。それが以下の7項目です。

### 1. 目的記述書

　「このプロジェクトで何をするのか？　なぜそれをするのか？」——プロジェクトの目標と正当性を簡潔に示します。その答えを示すことで、プロジェクトチームはプロジェクトを通して、より多くの情報に基づいた意思決定を行うことができます。実際、プロジェクトのほぼすべての意思決定において、プロジェクトの存在理由の理解が求められます。

　プロジェクトの立上げには、実際にさまざまなレベルで「なぜ？」に答える必要があります。目的記述書は、すべての答えを提供するものではなく、プロジェクトを完全に正当化するものではありません。正当化する根拠は一般的にビジネスケースまたは費用便益分析などの文書に含まれます。必要に応じて、プロジェクト憲章に含めるようにします。

　この目的記述書には、プロジェクトの価値を明らかにするために、どのようなデータが必要なのか詳しく記述しません。詳細は、「ビジネス

分析」と呼ばれる別の文書に記します。

## 2. スコープ記述書

プロジェクト・スコープとは、プロジェクトの目的を達成するために必要なすべての作業のことです。プロジェクトの最も一般的な問題の1つに「**スコープ・クリープ**」があります。スコープ・クリープとは、最初に合意したスコープが、プロジェクトの進行につれ、当初の目的を超えて肥大することです。当然、当初のスコープで見積もったコストやスケジュールにも影響します。スコープ記述書では、プロジェクトの主要な活動を、後になって追加作業が発生しても明確にわかるようにまとめておく必要があります。スコープ記述書は、プロジェクト計画ほど詳細ではありませんが、主要な活動が明確に示されているため、プロジェクトで行うこと、行わないことが明確になっています。

初期段階のスコープは前提条件に基づいており、それを基にしたコスト、スケジュール、資源も予測に過ぎません。実際、プロジェクトで予測範囲の限界を定義することは非常に重要であり、スコープ記述書以外の箇所でも触れられていることです。プロジェクト憲章に含まれるスコープ記述書やWBS（ワーク・ブレークダウン・ストラクチャー；作業分解図）は、プロジェクトに作業を追加するかどうかを判断する際に使用されます。また、設計図のような製品の説明書も、スコープを定義し、スコープ・クリープの制限を設定するための資料となります。

**状況を踏まえた開発アプローチの記載**：スコープ記述書は、大きなシナリオの中でのプロジェクトの位置づけを定義するために使用する。例えば、電気自動車の新しい部品を設計するプロジェクトは、製品全体（つまり、電気自動車全体）のライフサイクルの一部。スコープ記述書は、このプロジェクトが他のプロジェクトや製品開発全体とどのような関係にあるのかを明確にするのに適している。プロジェクトの

中には、予測型の開発アプローチを採用しているものもあれば、反復型の開発アプローチを採用しているものもある。プロジェクトが開発アプローチを切り替えているようであれば、どちらの開発アプローチを採用するかを明確にする必要がある。

**プロジェクト・スコープ外の考慮事項**：プロジェクトで提供できないもの、特にプロジェクトで想定されるものについては必ず明記する。プロジェクトのスコープ外であっても、プロジェクトを成功させるために重要な活動もある。例えば、「専門知識のあるプロジェクトメン

## 図表6-1　プロジェクト憲章とプロジェクト・スコープ記述書の要素

| プロジェクト憲章 | プロジェクト・スコープ記述書 |
| --- | --- |
| プロジェクト目的 | プロジェクト・スコープの記述（段階的に詳細化） |
| 測定可能なプロジェクト目標と関連する成功基準 | プロジェクト成果物 |
| ハイレベルの要求事項 | 受入基準 |
| ハイレベルのプロジェクト記述、境界、および主要成果物 | プロジェクトからの除外事項 |
| プロジェクトの全体リスク | |
| 要約マイルストーン・スケジュール | |
| 事前承認された財源 | |
| 主要ステークホルダー・リスト | |
| プロジェクト承認要求事項（例：プロジェクトの成功を判断する事項、プロジェクトの成否を判断する人、プロジェクトの受入承認をする人） | |
| プロジェクト終了基準（プロジェクトまたはフェーズを終結またはキャンセルするために満たすべき条件） | |
| 任命されたプロジェクト・マネジャー、その責任と権限のレベル | |
| プロジェクト憲章を認可するスポンサーあるいはほかの人物の名前と地位 | |

バーの採用」は、プロジェクトの進行に必要な要素であることは明らかだが、「プロジェクトのスコープ外」の活動のリストに入れることで、プロジェクトから明確に除外する。

**製品スコープとプロジェクト・スコープ**：プロジェクトのスコープが拡大しても、製品スコープは変わらないことがある。製品スコープとは製品設計仕様書に記載されている機能や性能の仕様のこと。一方、プロジェクト・スコープは、プロジェクトの目的を達成するために必要なすべての作業である。例えば、電気工事業者が作業内容を見積もる際に、資材の手配だけでなく、納入の際、特殊な配線を行うことを想定する。製品スコープは変わらないが、電気工事業者の仕事が増えるので、プロジェクトのスコープは広がる。


## 3. 成果物

「成果物」は、アウトプットに焦点を当てているため、プロジェクトマネジメントにおいて頻繁に使用される用語です。また、成果物には、「中間成果物」と「最終成果物」があります。例えば、住宅所有者は自分が住む住宅の設計図を持っていませんが、それでも問題ありません。一方、住宅購入者は、設計図のない状態で施工業者に住宅を作らせたいとは思わないでしょう。この違いは、成果物がプロジェクトの目的（この場合は住宅）を果たすための最終製品であるか、それとも設計図のようにプロジェクトや開発プロセスを管理するためのものであるかにあります。他にも以下の例があります。


- 新しいソフトウェアの要求を規定した文書は中間成果物であり、完成したソフトウェア製品は最終成果物
- ターゲット市場の説明は中間成果物で、雑誌広告やテレビ CM を使った広告キャンペーンは最終成果物
- 新しい緊急外来患者受け入れ方針の研究は中間成果物で、実際の新

しい緊急外来受け入れプロセスは最終成果物

　ここで重要なのは、プロジェクトマネジメント自体にも成果物がある
ことです。プロジェクト憲章では、オープンタスクレポートや変更ログ
などの成果物を、頻度や対象者を指定して要求することができます。
　ところで、プロジェクトは機会を利用し、問題を解決するために開始
されます。問題や機会はあっても具体的なソリューションがない状態で
プロジェクトがスタートした場合、プロジェクト憲章にはソリューショ
ンを決定して実行するための「**ソリューション・ロードマップ**」が記さ
れています。
　ここでは、選択した開発アプローチが役立ちます。予測型の開発プロ
セスで用いられるフェーズ・ゲート方式を採用している場合、最初の成
果物は最初のゲートで提出されることになります。それは推奨されるソ
リューションや詳細設計であったりします。適応型の開発アプローチで
あれば、反復を通して、最初の成果物は、主要な顧客グループに見せる
最小実行可能製品（MVP、31ページ参照）となるでしょう。
　いずれにしても、最終製品を詳細に説明することは非現実的なため、
最終的な成果物のビジョンを徐々に見出し、発展させることになります。
これを「**漸進型アプローチ**」といいます。


　4. コストとスケジュールの見積り
　どんなプロジェクトにも、予算と期限があります。しかし、そのルー
ルは単に金額と期日だけではありません。次のような質問にも答えなけ
ればなりません。


「予算はどのくらい決まっているのか？」
「期限はどうやって決めたのか？」
「どのくらい予算をオーバーしても、どのくらい遅れても、成功する

のか？」

「信頼性の高い見積りを出すために、本当に十分な知識を持っているのか？」

さらに、コストとスケジュールの目標は現実的なものでなければなりません。ルール作りの目的の１つは、プロジェクトのステークホルダーに現実的な期待を持たせることですから、これらの数値は現実的で正確でなければなりません。顧客は、可能な日付とコストのスコープを与えられたとき、最も低コストで最も早く日付だけを覚えている傾向があります。だからこそ、すべての前提条件や合意事項を文書化し、正式に承認することが重要となります。

### 5. 成功の尺度

プロジェクトの完了や成功をどのように判断するのか？

納期どおり、予算どおりに成果物を作れば、あとは何をもって成功と判断するのか？

成果物を完成させるだけでは不十分な場合があるため、プロジェクトの進め方や目標を明確にしてみましょう。具体的で測定可能な目標は、プロジェクトの合意の基礎となります。成功の尺度とは、プロジェクトの意思決定に影響を与える明確な基準であり、プロジェクトの終了基準（「**顧客の受容基準**」とも呼ばれる）となります。これは、スコープを管理するもう１つの視点といえるでしょう。

### 6. ステークホルダー

プロジェクトマネージャーは、プロジェクトに影響を与えるすべてのステークホルダーを特定しなければなりません。主要なステークホルダーをリストアップし、彼らがどのような役割を果たし、プロジェクトにどのように貢献するかを明示します。

## 7. 指揮命令系統

　プロジェクト憲章では誰が誰に報告するのかを明確にしなければなりません。一般的には、組織図を使って指揮命令系統を説明します。プロジェクトが組織の壁を越えれば越えるほど、指揮命令系統を明確にする必要性が高まります。一般にステークホルダーへの報告、連絡網を記した組織図には、誰が意思決定をするのか、どの上司に問題を照会するのかが明記されています。顧客も意思決定を行うので、顧客との連絡体制もプロジェクト憲章に含めるとよいでしょう。

　ここに挙げた7つの項目をすべて盛り込んだ後、プロジェクトに特有の前提条件や合意事項を必ず追加します。

　ただし、思いついたことをすべて憲章に書き込もうとすると管理しきれなくなります。あくまでもステークホルダーを管理するためのツールであることを忘れないようにしましょう。

## ⟫ プロジェクト憲章により期待値を管理し、変化に対応する

　プロジェクトマネージャーはプロジェクト憲章を書き出し、それをステークホルダーに提示する必要があります。プロジェクト憲章は、期待値を管理し、変化に対応するためのツールです。プロジェクトが始まってから、意見の相違により、当初の合意事項や前提条件が変わることもあります。それは、プロジェクトの途中でも同様です。この場合、すべてのステークホルダーがこの変更を理解し、同意する必要があり、プロジェクトマネージャーはそれらをプロジェクト憲章に反映させなければなりません。プロジェクト終了時に残るプロジェクト憲章は、当初の文書とは大きく異なる場合がありますが、この違いの大きさは重要ではありません。重要なのは、全員が最新の情報を得て、変更に同意していることです。

　ビジネスケースの基本的な内容は、プロジェクト憲章の内容と重なっ

ています。これは、プロジェクトをひらめきから具体的な達成可能な目標へと導くためのものだからです。ビジネスケースは最初に書かれるものなので、プロジェクト憲章と重なる部分は、仮説の検証、あるいはより詳細な調査の機会となります。

# 責任と権限を明確化する

## ❖ 責任分担マトリクスの活用

　プロジェクトの目的、スコープ、成果物、指揮命令系統など、プロジェクトに関する多くの疑問に答えるのがプロジェクト憲章です。しかし、プロジェクトに関与する各グループの責任を正確に詳述した別の文書も必要です。これは、「**責任分担マトリクス**」(RAM：Responsibility Assignment Matrix)、「**RACI チャート**」(RACI：Responsible, Accountable, Consulted, Informed) として知られています。

　責任分担マトリクスは、組織間の相互作用を示すのに最適です。例えば、トラックメーカーが新しい車体を作る場合、組み立てラインだけでなく、納入者のためにも工作具の変更が必要となります。その際、必然的に出てくる疑問は、次のようなことです。

　「誰が設計するのか？」

　「設計の決定権は誰にあるのか？」

　「納入者にも発言権はあるのか？」

　「各グループはいつ関与・連携する必要があるのか？」

　「誰がプロジェクトの各部分に責任を持つのか？」

　責任分担マトリクスは、これらの疑問に答えるためのものです。

　責任分担マトリクスは、プロジェクトの主要な活動と、以下に示すR・A・C・Iの主要なステークホルダーグループを示したものです。この

マトリクスを使用することで、ステークホルダー全員が各活動の連絡先を明確に把握できるため、部門や組織間のコミュニケーションの断絶を避けることができます。

**R - Responsible（実行責任）**：実行責任者。仕事を実行する個人、グループ。

**A - Accountable（説明責任）**：承認権限者。意思決定や実行された作業の受け入れに関する最終決定権を持つ（すなわち、この活動に対する最終的な説明責任を持つ）。影響を受けるプロセスを所有する部門管理者など、拒否権を持つ人が含まれる。通常は、個人。

**C - Consulted（相談対応）**：助言者。活動が行われる際に相談を受ける個人やグループ。このグループの意見は重要だが、必ず従うべきものではない。

**I - Informed（情報受理）**：情報受理者。どのような決定がなされているかを知りたいと思っている個人、グループ。

これらの異なる権限レベルを明確にすることは、さまざまなステークホルダーが存在する場合に特に有効です。

### 図表6-2　RACIチャートの例

| アクティビティ | 担当者 | | | | |
|---|---|---|---|---|---|
| | 佐藤 | 鈴木 | 稲葉 | 松本 | 山本 |
| 憲章の作成 | I | I | R | A | I |
| 要求事項収集 | A | C | I | I | R |
| 変更要求の送信 | I | C | R | R | A |
| テスト計画の策定 | I | A | R | C | I |

R＝実行責任（Responsible）、A＝説明責任（Accountable）、
C＝相談対応（Consulted）、I＝情報受理（Informed）

## ⯠ 責任と権限の明確化を行う時機

　責任分担マトリクスを作成する際、誰に相談しなければならないか、どのステークホルダーが最終的な権限を持っているかを明確にしておく必要があります。それにより、プロジェクトの早い段階で意見の相違を解消することができます。

　責任と権限の区別は、ステークホルダーがまだ落ち着いている早い段階で行うことが重要です。争いの最中に責任の所在を明確にすることは、より困難です。プロジェクトの後半になると、これらの問題に関する意見の相違は、スケジュールに致命的な影響を与える争いに発展する可能性があります。

第 **3** 部

プロジェクトの計画

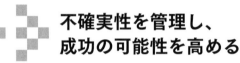

# 不確実性を管理し、
# 成功の可能性を高める

　プロジェクトマネジメントにおいて、誰も作ったことのない製品を作るときに、どうやって正確に見積もればいいのでしょうか?

　こうした不確実な課題を克服するためには、コスト、スケジュール、品質のバランスを分析し、ステークホルダーの期待に応えるための要素を計画の中で明らかにすることです。計画はプロジェクトの進捗状況を評価するための基準になると同時に、プロジェクトを進める際の戦略的な選択肢を提示します。それによりチームは成功の可能性が高いアプローチを選択することができます。

# リスク・マネジメント

プロジェクト全体で継続的にリスクを管理する

　プロジェクトでは、スケジュールやコスト、最終製品が要求を満たすかどうかなど、不確実性がつきまといます。この不確実性をどのように管理するかが、リスク・マネジメントです。

　リスク・マネジメントは、プロジェクトの目標達成の可能性を高めるために、不確実性を体系的に管理する手段です。リスクを管理するためには、まず批判的かつ建設的な分析を通して、潜在的なリスクを明らかにします。そして、過去のデータやさまざまな指標を基にそのリスクを評価することで、リスクの発生確率と影響度を判定します。こうして顕在化したリスクを取り除くための戦略を策定し、対応策を実行することで問題解決を図ります。

　粘り強い組織的な取り組みにより、新たなリスクが発見されることから継続的改善のサイクルが始まります。

# すべてのプロジェクトマネジメントは
# リスク・マネジメント

　どんなプロジェクトにも、不測の事態に見舞われる可能性はあります。例えば、データが格納されたサーバの故障や、建設プロジェクトを停滞させるほどの豪雨などのリスクは、特定できる潜在的な問題です。将来、何が起こるか正確にはわかりませんが、プロジェクトに損害を与える可能性があることがわかっていれば、それに備えることができます。

　優れたプロジェクトマネージャーは、リスク・マネジメント対策を実践することで、プロジェクトの失敗につながる不確実性を常にモニタリングしています。プロジェクトマネジメントには、遅延リスクの軽減や、予算超過の可能性を抑える技法があります。最終製品の要求を満たし、目的を達成するためのプロセスもあります。これらすべての技法は、すべてのステークホルダーの満足度を高め、成功の可能性を高めようとするものです。

　すべてのプロジェクトマネジメント活動は、リスクを管理することと解釈できます。そして、リスク・マネジメント活動は、プロジェクトのリスクを特定して管理するためのプロセスです。

　ここでは、リスク・マネジメント活動がリスクの「定義」「計画」「コントロール」において、プロジェクトマネジメントとどのように関連しているかを考えてみましょう。

## リスクの定義

　リスクは、プロジェクトやビジネスケースの構想、コスト、スケジュール、製品スコープの目標が策定されたときに表面化します。これらのリスクは初期段階では前提条件として認識されますが、具体的な脅威として明らかになれば、文書化します。

## ❖ リスク計画

リスク計画は、プロジェクトマネージャーとチームがリスクを特定・管理するための戦略を策定するために、公式かつ意識的に行う活動です。プロジェクトの成果物、取り巻く環境、ステークホルダーを批判的かつ建設的な視点で分析し、弱点を見つけ出します。プロジェクトチームはリスクを特定し、そのリスクを回避するための戦略を立てます。これらの戦略は、詳細なアクションプランに影響を与え、プロジェクト憲章、責任分担マトリクス、コミュニケーション計画の変更を必要とする場合もあります。

## ❖ リスク・コントロール

プロジェクトの進捗状況を確認しながら、既知のリスクをモニタリングし、新たなリスクを特定します。現実に発生しなかったリスクは特定したリスクの一覧となる「**リスク登録簿**」から削除され、新しいリスクが追加され、さらにリスク・マネジメント・プロセスが繰り返されます。

## ❖ アジャイル手法によるリスク・マネジメント

アジャイル型開発アプローチは、要求の変化や不明瞭さによって誤った製品を提供してしまうリスクを抑えるために生まれました。

ソフトウェアを優先順位に応じて随時提供するリリース計画や作業工程を繰り返す反復（アジャイル型開発アプローチであるスクラムでは「**スプリント**」と呼ぶ、142 ページ参照）には、不確かな状況の中で製作を進める際に遭遇する危うさと、素早く価値を提供することによって得られる機会が常に含まれますが、スプリント計画会議や作業を通して改善内容を共有するスプリント・レトロスペクティブ会議（振り返りのための会議）の中にリスク・マネジメント活動を含めることで、ウォーターフォール型（予測型）開発アプローチと同様のリスク・マネジメント効果が得られます。

第 7 章 ■ リスク・マネジメント

### ⋮⋗ ビジネス・リスクとプロジェクト・リスクの違い

　第4章でも説明したように、ビジネス・リスクはすべての事業活動に潜在的に存在しますが、それを管理するのはプロジェクトマネージャーではなく、事業全般の責任を担うプロジェクト・オーナーです。

　一方、プロジェクト・リスクは、プロジェクトに限定されるリスクです。よってプロジェクトマネージャーは担当するプロジェクトにおいて、ステークホルダーの目的を達成するためにいつ発生するともわからない不確実性の高いリスクの管理に責任を持ちます。

## リスク・マネジメントの枠組み

### ⋮⋗ 継続的なリスク・コントロールの計画

　プロジェクト全体で繰り返されるリスク・マネジメントのプロセスは次のとおりです。

- リスクの特定
　プロジェクトの目的を脅かす要因を体系的に見つけ出す。

- リスク分析と優先順位付け
　それぞれのリスクを、想定される損害（影響度）と発生の可能性（発生確率）の観点から評価する。ほとんどのプロジェクトでは、多くの潜在的なリスクがある。潜在的な損害とリスクが発生する確率を数値化することで、チームはリスクに優先順位を付け、注意を向ける。

- 対応策の策定
　想定される損害（影響度）と発生の可能性（発生確率）の対応戦略を立てる。

▪ コンティンジェンシー予備費の確保

事前に予測していたリスクに備えて積み立てておく予算である「コンティンジェンシー予備費」（111ページ参照）と、未知のリスクのための予算を確保する。

▪ 継続的なリスク管理

戦略実行中の変更がプロジェクトに与える影響をモニタリングする。リスク戦略は、実行に移す際に調整が必要。新たなリスクが発見され、既知のリスクが回避され、コンティンジェンシー予備費が使われた場合には、ステークホルダーとコミュニケーションをとる。

プロジェクトを進めていく中で、大なり小なり新たなリスクが出てくるものです。リスク・マネジメントは、プロジェクトの全期間を通じて、意識的に繰り返してこそ成功します。継続的なリスク・マネジメントは、リスク・コントロールの一部であり、通常、コミュニケーション計画または特定のリスク・マネジメント計画のいずれかで文書化されます。

以下から、上記のプロセスを実行ステップとして順に解説していきます。

ステップ１：リスクの特定
ステップ２：リスク分析と優先順位付け
ステップ３：対応策の策定
ステップ４：コンティンジェンシー予備費の確保
ステップ５：継続的なリスク管理

# ステップ１：リスクの特定

リスク・マネジメントの最初の重要なステップは、「リスクの特定」

です。リスクを特定するには、次の4つの手法が有効です。

- ステークホルダーへの質問
- 想定されるリスクのリスト（脅威プロファイル）の作成
- 過去の類似プロジェクトからの教訓
- スケジュールと予算のリスクへの焦点合わせ

## 1. ステークホルダーへの質問

● リスクに関する情報を収集する

プロジェクトで何がうまくいかないかを知りたければ、チームメンバーに聞いてみましょう。プロジェクトのリスク特定をチームで行うには、「ブレーンストーミング」と「インタビュー」を活用します。

**ブレーンストーミング**：ステークホルダーやプロジェクト関係者を集め、ブレーンストーミングの基本ルールに従って行う。このとき、次の点に留意する。

① 可能な限り大きな潜在的リスクのリストを作成する

② 潜在的リスクのリストを作成した後、似たようなリスクを組み合わせて、大きさと確率の順に並べる

③ 会議ですべてのリスクを解決しようとしない

**インタビュー**：リスクについて個人にインタビューするには、ブレーンストーミングよりも体系だったアプローチが必要。リスクに対する質問リストとなる「**脅威プロファイル**」を使用しながらインタビューをすることで、インタビューを受ける側は、リスク領域を網羅的に考えながら質問に回答することになるため、有益な結果が導き出せる。

● あらゆる視点からの意見を取り入れる

プロジェクトでの役割に応じて、ステークホルダーはさまざまな視点をプロジェクトにもたらします。顧客、スポンサー、チームメンバー、

図表7-1 ブレーンストーミングの基本的な流れ

1. 準備

| 対象の領域を定義する | 制限時間を決める | 参加者を特定する | 評価基準を明確にする |

2. セッション

| アイデアを共有する | アイデアを記録する | 互いのアイデアを土台にして膨らませる | できるだけ多くのアイデアを引き出す |

3. まとめ

| 議論して評価する | リストを評価する | アイデアを格付けする | 最終リストを配付する |

納入者、部門責任者、同様のプロジェクトに携わったことのある人など、プロジェクトに有益だと思われる人は可能な限り参加を促します。

## 2. 脅威プロファイルの活用

　プロジェクトを成功させるための最良の方法の1つが、過去のプロジェクトから得た教訓を活かすことです。リスクの特定に使用される「脅威プロファイル」にリストアップされた質問は、過去の類似したプロジェクトから収斂されたものです。脅威プロファイルの作成と更新は、継続的なプロセスです。プロジェクトの終了時には、学んだことを脅威プロファイルに反映させることで、将来のプロジェクトの教訓として活かされます。

　優れた脅威プロファイルは、以下のガイドラインに従っています。

第7章 ▪ リスク・マネジメント

- 業界固有のものである
  （例 情報システムの構築とショッピングモールの建設は異なる）
- 組織に特化している
- プロダクト・リスクとマネジメント・リスクの両方に対応している
- それぞれのリスクの大きさの予測が行える

　脅威プロファイルは、個々のプロジェクトの個人またはグループによって作成、維持されます。効果が確認された脅威プロファイルの活用や、新しいリスクを特定し追加しながら最新の状態に保つことで、プロジェクトの成功を予測することができます。

## 3. 過去の類似プロジェクトからの教訓

　プロジェクトマネージャーは、過去の類似したプロジェクトで何が起こったかを調査し、有益なリスク関連情報があれば、それを利用します。過去の類似プロジェクトからの教訓とは、例えば、次のようなことです。

- コストとスケジュールの見積りの正確さを示すための計画および実績の記録
- 想定外の課題をどのように克服したかの報告書
- プロジェクトから得られた教訓およびレビュー結果
- 顧客満足度の記録

　過去の事例を振り返ることで、前任者をはじめ先達の知恵と経験に学び、プロジェクトの落とし穴や成功のポイントを探ることができます。

　●ナレッジマネジメントの視点を持つ

　プロジェクトに関する文書は、プロジェクトが終了した後も参照できるように整理しましょう。特に、過去のプロジェクトのリスク登録簿は

その後のプロジェクトにとって有益です。ナレッジマネジメントとは、プロジェクト活動から得られた知識を誰もが共有できるように意図して整理した共有知のことです。その目的は、1つのプロジェクトから次のプロジェクトへと受け継がれる組織的な知恵を積み重ねることです。

### 4. スケジュールと予算のリスクへの焦点合わせ

リスク・マネジメントは、計画の詳細化に寄与するものです。そして、詳細な計画はリスクを発見する機会でもあります。計画のスケジュールや予算の見積りのリスクを勘案して行うには、他のリスクと同様に不確実性の理由を明らかにすることがポイントです。スケジューリングや予算編成の際にリスクが特定できれば、通常の場合、そのリスクを想定しながら計画を実行していくのでプロジェクトに大きな影響は与えませんが、重要なリスクに変わりはありません。

詳細計画をリスク・マネジメントの機会として認識することで、リスク計画とスケジュール策定の反復的で切れ目のない関係がさらに明確になります。

## ステップ2：リスク分析と優先順位付け

リスクを具体的に把握するためのステップ2は、さらに次の3つのステップを踏まえて進められます。

- リスクの定義
- リスクに対する確率の割り当て
- リスクの確率と影響度に応じたランク付け

## 1. リスクの定義

リスクを理解するには、その「状態」と「結果」を明らかにして、記録することです。

状態：懸念や不確実性の原因となっている状況を簡潔に記述したもの
影響：条件によって起こりうるマイナスの影響を簡潔に記述したもの

状態をより明確に説明できれば、その影響をより正確に予測することができ、リスクを効果的に管理できる可能性が高まります。

リスクの定義後は、これらのリスクの結果を「コスト」と「スケジュール」、そしてプロジェクトに起こりうる「損害」の観点から記録します。コストとスケジュールの影響は形となって現れ、費用便益分析と照合することができますが、損害は形には現れません。問題解決の最初のステップが問題を徹底的に理解することであるように、リスク分析の最初のステップはリスクを徹底的に説明できるようにすることです。

## 2. リスクに対する発生確率の割り当て

問題が発生する可能性は、一般的には、過去のデータを基に予測します。しかし、プロジェクトには潜在的なリスクが多く存在する場合もあり、まずは既知のリスクを定量化して優先順位を付け、管理のための予算を設定するようにします。

リスクに対して発生確率を割り当てることは、リスクの結果を評価するのに役立ちます。リスクの発生確率に影響度を掛け合わせると、そのリスクが実際にどの程度かが具体化できます。これは、「**リスクの期待値**」と呼ばれます。

リスクの期待値＝発生確率×影響度

リスクに関するデータが全くない場合は、プロジェクトマネージャーはブレーンストーミングなどによりチームの直感的な意見を抽出して、確率と影響の評価を行います。

一般的な方法は、プロジェクト全体で発生確率・影響度マトリクスを使用することです。このマトリクスでは、主観的な評価により、数値化します。その際の主なポイントは次のとおりです。

- プロジェクト全体で同じマトリクスを使用する。これにより、チームメンバーは一貫した基準で値を調整する
- 大きなマトリクスを作る場合でも、プロジェクト全体で同じマトリクスを使用する
- 可能な限り客観的なデータを用いて確率と影響の両方を数値化し、そのリスクをいずれかの象限に配置する
- 多様なプロジェクト関係者にリスクを評価してもらい、その評価を統合する

数値を割り当てる際に考慮すべきこととして、
「チームのスキルはどの程度のものなのか？」
「それによってチームの進捗はどの程度速くなったり遅くなったりするのか？」
「そのプロジェクトのビジネスケースはどれくらい強固なものなのか？」
「要求の大きな変更はどれくらい起こるのか？」
といったことがあります。

リスク・マネジメントがプロジェクトで体系的に実践されていれば、過去にどれだけ巧みに直感を働かせて数値を割り当てたかの記録が残ります。これらの実績値を用いて、今後のリスクの割り当てをより正確に行うことができます。

### 3. 初期リスクの優先順位付け

リスクを確率と影響度に応じてランク付けを行います。プロジェクトマネージャーとチームメンバーは、組織の環境やプロジェクトの状況に応じて、直感的にリスクを分類し、管理していきます。

精力的にリスクを識別すれば、より潜在的なリスクを洗い出すこともできますが、中には管理するまでもないものもあるでしょう。管理不要なリスクを除外し、本当に注目すべきリスクを絞り込み、優先順位を付けるようにします。

## ステップ３：対応策の策定

リスクを減らすには、リスク評価をしたうえで、影響を減らすか、確率を減らすか、あるいはその両方を減らすかです。

古典的なリスク対応の策定によく活用されているのが、次の５つのカテゴリーによる方法です。

- リスクの受容
- リスクの回避
- コンティンジェンシー計画
- リスクの転嫁
- リスクの軽減

### 1. リスクの受容

リスクの受容とは、リスクをその結果と確率とともに理解し、それに対して何もしないことを選択することです。リスクが発生した場合は、プロジェクトチームが対応します。これは、問題が発生する確率が小さい場合によく採られる戦略です。

## 2. リスクの回避

　プロジェクトの一部を行わないことを選択するか、プロジェクトの目的を達成するためにリスクの低い方法を選択することで、リスクを回避することができます。ただし、プロジェクトの一部を取り除くことは、プロジェクトだけでなく、ビジネス・リスクにも影響を及ぼす可能性があります。

　プロジェクトのスコープを変更することで、ビジネスケースも変更される可能性があります。例えば、規模を縮小した製品では、収益やコスト削減の機会が少なくなるなどです。リスクとリターンは金融業界でよく使われる言葉ですが、プロジェクトのリスク回避は、ローリスク・ローリターンという結果をもたらします。

## 3. コンティンジェンシー計画

　コンティンジェンシー計画（緊急時対応計画）とは、リスク発生を予見して事前に準備された代替行動計画のことです。最も一般的なコンティンジェンシー計画は、予期せぬコスト超過が発生した場合に備えて、それを織り込んだ予算を確保しておくことです。そのため、余剰分としての予算は、予期せぬコスト超過のために使用することに限定されます。

## 4. リスクの転嫁

　リスクの転嫁とは、リスクを別の組織体と共有することにより、影響を分散させることです。保険加入はその一例です。

　リスクの保険料が高くても、すべてのリスクを自分で引き受ければ、それ以上の費用がかかることもあります。多くの大規模プロジェクトでは、盗難や災害などのさまざまなリスクに備えて保険に加入しています。これにより、万が一災害が発生した場合には、保険会社がその費用を負担することになるので、事実上、リスクを保険会社に転嫁していることになります。

保険加入は直接的なリスク転嫁の方法ですが、リスクを転嫁するもう1つの方法は、「役務提供契約」（この場合は定額契約）を利用することです。定額契約とは、作業開始前に指定された金額で作業を行うものです。定額契約では、指定された固定の金額内で作業を行い、スケジュールも固定され、超過した場合にはペナルティが課せられます。定額契約では、プロジェクトマネージャーは、コストを固定額とすることで、コストとスケジュールのリスクをプロジェクトから下請会社に転嫁したことになります。

契約形態には、定額契約、実費償還契約、タイム・アンド・マテリアル契約があります。

リスクを第三者に転嫁することにはメリットがありますが、同時に契約と納入者（請負業者）の管理に伴うリスクも発生します。

## 5. リスクの軽減

リスクの軽減とは、リスクを減らすための取り組みのことです。軽減は、プロジェクト環境から生じるリスクを克服するためにプロジェクトチームがとることのできるほぼすべての行動をカバーしています。起こりうる問題への対応を決定するための最初のステップは、プロジェクトチームがコントロールできるリスクとそうでないリスクを特定することです。ここでは、それぞれのリスクの例をいくつか紹介します。

［プロジェクトチームがコントロールできるリスク］
- スコープ内にあるプロジェクトチームの行動
- チームメンバーのコンフリクトからのコミュニケーション
  （チームのコミュニケーション方法の変更でコントロール可能）
- デザインやスタッフ、その他の課題
  （チームの働き方を変えることで克服可能）

**［プロジェクトチームがコントロールできないリスク］**

- プロジェクトに影響を与える法律や規制
- チームの一部または全員が仕事から離れてしまうような労働争議
- 天候

　自分でコントロールできないリスクの場合、選択肢は２つです。回避か、モニタリングして危機管理プランを用意するかです。

### ▶ リスクを記録し、その後のリスクに備える

　リスク計画中に得られた知見や洞察を文書化します。リスク分析をリスク登録簿にまとめ、他のプロジェクトマネジメント文書とともに更新することで、リスク対応計画を完成させます。記録する際には、リスクの責任者を確認し、リスクの重大度と確率でランク付けします。

　リスクの問題を解決するたびに、新たなリスクが現れることもあります。例えば、専門的な仕事を外注する場合、リスクを外注先に移すことでリスクを減らすことができます。

　しかし、外注することで、プロジェクトに対するコントロールの低下を招き、コミュニケーションが難しくなる場合があります。さらに、納入者（請負業者）を管理するためのリスク上の戦略も必要になります。

　つまり、それぞれのリスク戦略のメリットとデメリットを慎重に検討する必要があるということです。

# ステップ４：コンティンジェンシー予備費の確保

　予期せぬ事態に見舞われたときに対応できるように準備しておく資金のことをプロジェクトにおけるリスク・マネジメントでは、「コンティンジェンシー予備費」というと先述しました（101ページ）。この資金の

確保はプロジェクトマネージャーやスポンサーが責任を負います。

　リスク登録簿に記録されているリスクは既知でありながら、その発生確率は未知です。これらのリスクに備えるための対策を複数用意しておきますが、その中の1つがリスクが顕在化した場合に実行する計画である「コンティンジェンシー計画（緊急時対応計画）」です。コンティンジェンシー計画では、事前にどの程度の資金を準備すべきかを検討しておくことが重要です。

　不測の事態に備えた準備金は、特定されたリスク、すなわち「既知の未知」を対象とします。一方、「未知の未知」とは、予測できなかった出来事のことです。どれほどリスクを洗い出したとしても、未知の未知の発生は簡単には予見できません。プロジェクト中に発生する予測できない障害に対応するために予備資金を確保しますが、時間の経過とともにパフォーマンス予算（WBSに基づく予算）の一定割合が適切な金額として浮かび上がってきます。

## ステップ5：継続的なリスク管理

　最初のリスク計画活動がどれほど厳密で、徹底していても、結果を出すのは継続的なリスク・マネジメント活動です。リスク・マネジメント計画は、プロジェクト開始時に得られた情報に基づいていますが、プロジェクトを進めていくうちにリスクにつながるかもしれない新たな情報が出てきたりします。リスク・マネジメントの観点からは、その情報が既知のリスクにどのような影響を与えているのか、また新たなリスクが発生していないかを把握しなければなりませんが、次のような活動を定期的に行うことでリスクを予見するようにします。

- リスク登録簿で既知のリスクをモニタリングする

- 定期的な進捗会議で新しいリスクを確認する
- プロジェクトの中であらかじめ計画されたマイルストーンで、主要な
  リスク識別活動を繰り返す
- 新たなリスクが発見された場合には、対応計画を作成し、十分なコン
  ティンジェンシーやマネジメントの準備があるかどうかを確認する
- 顕在化しないリスクも記録する

継続的なリスク・マネジメントとは、主要なリスク・マネジメント・
プロセスをプロジェクトの全期間を通じて繰り返すことです。

常に注意を払うことで、問題になる前のリスクを継続的に根絶するよ
うにします。

第 **8** 章

# WBS

**作業を分解し、管理を容易にする**

　プロジェクトを俯瞰的に管理することは、コスト、スケジュール、スコープのバランスを保持するのに有効ですが、プロジェクトを作業レベルに分解し、局所的に理解することも、プロジェクト全体を管理するうえで必要です。

　WBS（ワーク・ブレークダウン・ストラクチャー；作業分解図）は、プロジェクトに含まれる要素成果物ごとに作業をグループ化することで、プロジェクト全体のスコープを定義します。

　WBS はプロジェクトに関連する多くの作業を管理しやすい単位に分解するためのツールであり、所要時間、予算、必要資源の見積り精度を高めます。また、プロジェクトをコントロールする際の実績測定の基礎の1つとして作業の責任範囲を明確にします。

　プロジェクトマネージャーの仕事の多くが WBS に依存しており、見積り、スコープ管理、外注管理、進捗管理、明確な作業割り当てなど、プロジェクトを構成するタスクの内訳の明確な定義なども WBS に含まれます。

　WBS はプロジェクト計画の基本であり、プロジェクトマネジメントの最も重要なツールの1つです。プロジェクトで発生するあらゆる問題に対して、WBS とワーク・パッケージは解決のヒントを与えてくれます。

# WBSの定義

WBS（Work Breakdown Structure；作業分解図）は、プロジェクトのすべてのタスクを特定するためのツールです。このツールを活用することで、プロジェクトという大規模かつ独自で、曖昧な作業までをも小さな管理可能なタスクに整理できます。

WBSは、プロジェクトの定義とリスク・マネジメントの結果から、その後の計画の基礎となるタスクをプロセス順に特定していくことができます。その主な有用性は次のとおりです。

- プロジェクトのスコープを詳細に視覚化
- 進捗のモニタリング
- 正確なコストとスケジュールの見積りを作成
- プロジェクトチームのコミットメント

## WBSの理解

WBSでは、プロジェクトのすべての作業を個別のタスクに分割します。WBSのタスクには、「**サマリータスク**」と「**ワーク・パッケージ**」の2種類があります。サマリータスクとは、階層下に詳細なタスクを含む概要のタスクのことであり、ワーク・パッケージとは、プロジェクトのタスクを階層的に細分化していった最下層のタスク群のことです。

例えば、新システム開発プロジェクトのためのニーズの評価は、いくつかの下位タスクを含んでいるため、「サマリータスク」となります。ニーズの評価のためには、現行システムの監査や、要求事項の決定など、個別の下位タスクがいくつか含まれている場合があります。このような個別の作業を「ワーク・パッケージ」といいます。これらのシンプルなワーク・パッケージをすべて実行することで、サマリータスクが達成されま

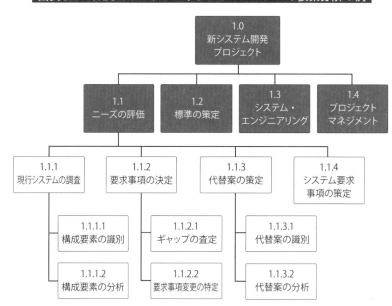

図表8-1　WBSのワーク・パッケージ・レベルへの要素分解の例

この WBS は図解目的のみであり、特定プロジェクト・スコープ全体を表示することを意図したものではなく、このタイプの WBS を編成する唯一の手段であると示唆するものでもない。

出所：『PMBOK®ガイド』第6版から引用した図を一部加工

す。

　なお、サマリータスクは実際には実行されず、下位のワーク・パッケージをまとめたものです。実際に実行されるのはワーク・パッケージです。サマリータスクとワーク・パッケージの関係を理解することは、優れたWBSを構築するための基本です。

## ❖ アジャイル・プロジェクトにおけるWBS

　アジャイル開発は、プロジェクトのスコープを徐々に細かくしていく適応型開発アプローチです。WBS は、作業開始前にスコープが明確になっている予測型（ウォーターフォール型）開発アプローチに適していますが、チームとして進捗を共有しながら作業を進めていくスクラムな

どのアジャイル型開発アプローチにおいて WBS に相当するのが、「プロダクト・バックログ」です。プロダクト・バックログとは先述したように、顧客から要求されている機能の優先順位を付けたリストのことです（48ページ参照）。WBS とプロダクト・バックログは、どちらも製品やプロジェクトのスコープを表すものですが、同義ではありません。

　ウォーターフォール型とアジャイル型を折衷したハイブリッド型開発アプローチでは、WBS を使ってスコープの全体像を示すことができます。アーキテクチャ設計などの初期フェーズでは、ウォーターフォール型開発アプローチと同じように WBS として表示されますが、情報システム開発のように部分的に完成させたところから本格稼働させて徐々に（インクリメタルに）全体を作り込んでいくインクリメンタル・デリバリーが求められるプロジェクトでは、WBS は用いられません。

# WBSの作成

　WBS があれば、プロジェクトに参加する全員が自分の役割を理解しやすくなり、プロジェクトの管理も容易になります。WBS を作るためのガイドラインとして、3つのステップがあります。

### ステップ1：第1階層から始める

　WBS は、プロジェクトで行うべきことを詳細なレベルに分解し、プロジェクト憲章に記載されている成果物を作成するために必要なすべてのタスク（作業）に名前を付けていくプロセスです。最初の階層には、主要な成果物またはスコープ記述書に記載されている大まかなタスクのいずれかをリストアップして、それを小さな単位に分解します。

　プロジェクト憲章には、最終成果物だけでなく、多くの中間成果物を記載することもできますが、プロジェクト憲章に書かれたすべての成果

物は WBS として明示されることになります。プロジェクト憲章やスコープ記述書に記載されている大まかなタスクを、第１層タスクとして使用することで、第２層以下のプロジェクトに関わるプロセスを詳細に示すことができます。したがって、第１層タスクを使って、開発ライフサイクルの主要なフェーズやステージを表現できるということです。

WBS の作成で最も難しいのは、分解作業そのものです。WBS には多くの内容が含まれていることが多いため、まずは、プロジェクトの定義やリスク管理の際に行った作業を確認することから始めましょう。

## ❖ ステップ２：成果物の作成に必要なすべてのタスクを挙げる

アクティビティとはプロジェクトを進めていくうえで必要な「活動」のことです。タスク名はそのアクティビティを表すもので、それぞれのタスク名には「○○を△△する」というように名詞だけでなく、動詞を加える必要があります（例：「構成要素の分析」「代替案の分析」）。次に、各タスクをプロジェクトを完成させるために必要な詳細タスクに分解します。

大規模プロジェクトの計画の場合、少人数のチームで WBS の上位２層を作成し、各タスクをその分野の専門家に任せてワーク・パッケージに分解していきます。これら専門家の作業が終わったら、コアチームと一緒に WBS 全体を構築します。こうした参加型の計画策定は、より正確で詳細な作業内訳を作成するだけでなく、プロジェクトに対する高いコミットメントを促すことにもなります。

## ❖ ステップ３：WBS を作成する

WBS 作成の際、ワーク・パッケージは、さまざまな方法で並べ替えることができます。サマリータスクの下に関連するワーク・パッケージを配置することが一般的ですが、サマリータスクに制作工程のタスク名をつけて、各フェーズで行うべきワーク・パッケージを明確にしたい場

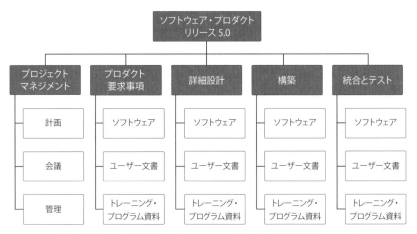

**図表8-2　フェーズを基本としたWBSの例**

この WBS は図解目的のみであり、特定プロジェクト・スコープ全体を表示することを意図したものではなく、このタイプの WBS を編成する唯一の手段であると示唆するものでもない。

出所:『PMBOK®ガイド』第6版

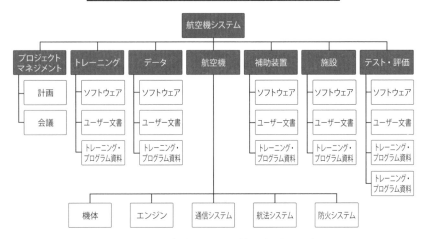

**図表8-3　主要な成果物を主体にしたWBSの例**

この WBS は図解目的のみであり、特定プロジェクト・スコープ全体を表示することを意図したものではなく、このタイプの WBS を編成する唯一の手段であると示唆するものでもない。

出所:『PMBOK®ガイド』第6版

合は、フェーズを基本とした WBS が適しています。

　また、成果物を作成する際の中間成果物の依存関係や構成に関心が集まっている場合は、主要な成果物を主体にした WBS が必要となるでしょう。

　いずれの WBS も、プロジェクトに関わるさまざまなグループとコミュニケーションをとる際に役立ちます。なぜなら、WBS のサマリータスクやワーク・パッケージの配置と構成は、個々のステークホルダーの関心事に従うからです。

# WBSの３つの成功法則

　WBS が以下の評価基準の条件を満たしていれば、プロジェクトの計画、コミュニケーション、追跡に役立ちます。ここでは、成功する WBS の３つの法則を紹介します。

成功法則1：WBSは上から順に分解していかなければならない
　上から順に分解する。ワーク・パッケージがサマリータスクのサブセットであることを確認する必要がある。

成功法則2：ワーク・パッケージにはサマリータスクを追加する
　計画を立てるうえで最も避けたいミスは、必要なタスクを省略してしまうこと。この問題を避けるためには、サマリータスクの下にあるすべてのワーク・パッケージの成果物を追加する際に細心の注意を払う必要がある。

成功法則3：サマリータスクとワーク・パッケージは製品を生み出す活動として命名される

各タスクに強い動詞（アクティビティ）と強い名詞（プロダクト）を含む説明的な名前を付けることを意味する。これらがないと、タスクは曖昧になる。

## ⫶ ワーク・パッケージを適切なサイズにするルール

スケジュールを大幅に超過したプロジェクトで最もよくある問題は、ワーク・パッケージが大きすぎて制御不能に陥ることです。タスクの大きさのために、管理しきれなくなることで、トラブルを誘発します。ワーク・パッケージを適切な大きさにする際、次のような共通の経験則があります。

**8/80ルール**：いかなるタスクも8労働時間より小さく、80労働時間より大きくしないようにする。これは、ワーク・パッケージの長さを1日から10日の間に保つことを意味する（これはガイドラインであり、鉄則ではない）。

**報告期間ルール**：報告期間よりも長い作業タスクが存在しないようにする。つまり、毎週進捗会議を行うのであれば、1週間以上のタスクは存在しないようにする。このルールを用いれば、スケジュールの状況を報告するときにも、パーセントによる進捗率の完了ではなく、タスクは完了（100パーセント）、開始（50パーセント）、未開始（0パーセント）のいずれかで報告される。

**扱いやすいルール**：タスクをさらに細分化するかどうかを検討する際には、3点で扱いやすいかどうかを検討する。

1. タスクの見積りが容易
2. タスクの割り当てが容易
3. タスクの追跡が容易

タスクを分解しても、見積り、割り当て、追跡が容易にならない場合

は、分解しないようにする。

# 品質を計画に組み込む

　製品を作った後に修正するよりも、事前により正しく設計したほうが修正費用は抑えられます。飛行機でも広告キャンペーンでもソフトウェアでも、開発ライフサイクルの早い段階で欠陥が発見されれば、その修正にかけるコストや資源、労力も抑制できます。

　ただし、問題を早期に発見する方法は業界ごとに異なります。航空機の設計者はソフトウェア開発者とは異なる技術を使い、建築家は製造業のエンジニアとは異なる技法を使うなど一様ではありません。

　このような問題の可能性を探るために、プロジェクトマネジメントが提供するのは、完了するための基準を決定するプロセスです。

### ❖ 完了基準の決定

　完了基準は、各ワーク・パッケージに関して、
「このタスクが完了するとはどういうことか？」
「どのようにしてそれが正しく行われたことを知ることができるか？」
といった2つの重要な質問に答えるものです。

　これらの質問をする時期は、開発ライフサイクルの早い段階です。完了基準を決定するには、プロジェクトマネージャーとチームは、その業界で用いられているベストプラクティスを参考にすることが多いようです。ここでは、完了基準の例をいくつか紹介します。

　ピアレビュー：関係者が専門的見地に立って評価し合うピアレビューは、製品開発ライフサイクルの初期段階で、具体的なテスト対象が何もないときに行われる。ピアレビューは「ウォークスルー」とも呼ば

れ、「1人より3～6人のほうが良い」という前提で成り立っている。レビューに合格したからといって製品が完璧になるわけではないが、ピアレビューを受けることで、構築段階での費用対効果の高い作業につながる。

**チェックリスト**：例えば、エンジニアリンググループでは、新しい図面を評価するためのチェックリストを作成したとする。このチェックリストには、各図面が合格しなければならない標準的なテストが網羅されており、主任エンジニアはそのチェックリストを使って他のエンジニアの図面を評価する。この場合、図面の完成基準は、「チェックリストに合格すること」となる。

**システム・テスト**：製品のライフサイクルの後半には、必ずと言っていいほどテストが行われる。強度、耐久力、安全性が求められる製品では、厳密で体系的なテストに合格することを完成基準と定義することができる。

品質の向上に加えて、完了基準によって各タスクに対する理解が深まり、プロジェクトのより正確な見積りと高い成功率を得られることになります。

# 計画

## 必要十分な詳細度で現実的なスケジュールを立てる

　プロジェクトを成功させる秘訣は、必要十分な詳細度で現実的なスケジュールを立てることです。現実的なスケジュールの特徴には、作業内容に関する詳細な知識、正しいタスクの順序、チームのコントロールが及ばない外部制約事項の考慮、熟練した人材と十分な機材の確保が挙げられます。

　必要十分な詳細度で現実的なスケジュールとは、プロジェクトのすべての目的を考慮したものです。プロジェクトチームにとってはちょうど良いスケジュール感であっても、顧客が望む完成予定日を外れるような計画であれば、プロジェクト全体を見直す必要があります。

　コスト、スケジュール、スコープなど、必要な要素をすべて盛り込み、現実的なバランスを保ったプロジェクト計画を立てるには、段階を踏んだ丁寧な作業が必要です。計画を詳細化する過程が正しければ、プロジェクト遂行に必要なタスクを定量的に捉える情報がより明らかになり、タスク間の依存関係もステークホルダーすべてに対して明らかになるでしょう。

# チームの計画策定の支援と
# ステークホルダーへの価値の提示

　現実的なスケジュールを立てることは、プロジェクトマネージャーが
リーダーシップを発揮する絶好の機会でもあります。プロジェクトのビ
ジネスケースやプロジェクト憲章で示したスケジュールは概略的なマイ
ルストーンであり、正確ではないかもしれないですし、楽観的かもしれ
ません。

　そうしたことに留意しながら、計画プロセスを通して、プロジェクト
マネージャーはチームの計画策定の支援とステークホルダーへの価値の
提示を通してリーダーシップを発揮します。

## チームの計画策定の支援

　詳細な計画を立てるために、チームは、タスク見積り、資源の前提条
件に基づいて多くの詳細な情報を得ます。実際、タスクの適切な要素分
解や背景を読み取り、整理するといった手順を踏まえないと、チームは
細部に圧倒され、行き詰まる可能性があります。

　プロジェクトマネージャーは、チームが必要十分な詳細度で現実的な
計画を立てることに集中できるよう支援します。

## ステークホルダーへの価値の提示

　チームによってボトムアップ方式で作られた計画は、ビジネスケース
やプロジェクト憲章に記載された当初のスケジュールのマイルストーン
と異なる場合があります。しかし、この計画は、詳細な前提条件、合理
性、計算に基づいています。プロジェクトマネージャーは、チームと計
画方法に自信を持ち、スポンサーや顧客など発言力の強いステークホル
ダーにその計画内容を説明します。

　ステークホルダーと現実的なコスト、スケジュール、スコープのバランスについて議論し、プロジェクトの意図する価値に結びつくように導くことが、プロジェクトマネージャーとして、リーダーシップを発揮する場面です。

# プロジェクトの計画ステップ

　ここでは、プロジェクトの計画に関わるステップを振り返ります。まず、計画のための土台を準備するための計画前の活動として、2つのステップから始め、残りの5つのステップで、詳細な計画を策定します。

## ▶ 計画前の活動のステップ

　ステップ1：プロジェクトの定義

　プロジェクトマネージャーとプロジェクトチームは、プロジェクトの目的、スコープ、成果物を特定し、プロジェクトチームの責任を定義するプロジェクト憲章を作成します。

　ステップ2：リスク・マネジメント戦略の策定
プロジェクトチームは、起こりうる障害を評価し、コスト、スケジュール、スコープをバランスよく調整する戦略を立てます。

## ▶ 計画ステップ

　ステップ1：WBSの構築

　チームは指定された成果物を構築するために必要なすべてのタスクを特定します。スコープの説明とプロジェクトの目的は、プロジェクトの境界を定義するのに役立ちます。

ステップ２：タスクの順序関係の明確化

詳細なタスクであるワーク・パッケージを適切な順序で配置します。

ステップ３：ワーク・パッケージの見積り

これらの詳細なタスクには、それぞれ必要な労働力と機器の量、タスクの期間を含む見積りが作成されていなければなりません。

ステップ４：初期スケジュールの算出

各ワーク・パッケージの期間を見積り、タスクの順序を計算した後、チームはプロジェクトの総期間を計算します（アジャイルで開発を進める場合、この初期スケジュールはタスク実行プロセスで修正が生じることを認識しておきます）。

ステップ５：資源の割り当て

計画により見積もった人・モノ・カネなどの資源をタスクに振り分け、平準化します。チームは資源の制約を考慮し、スケジュールを調整します。プロジェクトにおける人と設備の使用を最適化するために、タスクの再スケジューリングを行います。


このステップを通して、プロジェクトがどのように実行されるかを理解するために必要な情報が揃います。このステップは体系的ですが、必ずしも「正しい答え」を導き出すものではありません。実際には、コスト、スケジュール、スコープの最適なバランスを見つけるためには、このステップを何度か繰り返す必要があります。

では、計画の作成方法をステップごとに見ていきましょう。


# 計画ステップ１：WBSの構築

WBS を使ってスコープの全体像を示すことができます。「第８章 WBS」で WBS を作るためのガイドラインとして、以下の３つのステッ

プを説明しましたが、これにより計画の5ステップの最初のステップである WBS の構築を確認します。

WBS ステップ1：第1階層から始める

WBS は、プロジェクトを詳細なレベルに分解し、プロジェクト憲章に記載されている成果物を作成するために必要なすべてのタスクに名前を付けます。

WBS ステップ2：成果物の作成に必要なすべてのタスクを挙げる

タスク名は、製品を制作するアクティビティを表します。それぞれのタスク名には名詞だけでなく、動詞を加える必要があります。次に、各タスクを、製品を作るために必要な低レベルの詳細なタスクに分解します。

WBS ステップ3：WBS を作成する

ステークホルダーの関心事に応じて、ワーク・パッケージは、さまざまな方法で並べ替えることができます。

## 計画ステップ2：タスクの順序関係の明確化

詳細なタスク（ワーク・パッケージ）を実行する順序は、タスク間の関係によって決まります。一連の作業を行う場合、必ず順序の制約があります。順序の制約は、異なるタスクの関係によって支配されるものです。

作業順序はネットワーク図で表されます。ネットワーク図でタスクの関係をグラフ化するときの基本的なルールは2つです。

- タスクの関係はワーク・パッケージ間のみで定義する

  順序の制約はワーク・パッケージ・レベルで維持する。サマリータスクは、ワーク・パッケージの単なるグループであり、サマリータ

スクとワーク・パッケージ間にタスク関係を設定できない。
- タスクの関係はワーク・パッケージ間の順序の制約のみを反映させ、資源の制約を反映させないようにする

  資源の制約を理由にネットワーク図を変更することは、ネットワーク図の構築で最もよくある間違い。資源に関係なく、タスクは同じ順序で実行されなければならないことに変わりはない。

## マイルストーンは便利な目印

プロジェクトマネージャーにとって、プロジェクト・ライフサイクルにおける重要なイベントをマークすることは有用です。マイルストーンと呼ばれるこれらの目印は、WBSやネットワーク図によく使われます。マイルストーンを計画プロセスに使用する大きな理由は3つあります。

- プロジェクトの開始と終了のマイルストーンは、ネットワーク図の開始目標日、終了目標日として有効
- マイルストーンは、前工程の担当者から後工程の担当者への成果物や役務の引継ぎ等の目標期日として使用することができる
- マイルストーンは、ワーク・パッケージやサマリータスクではまだ表現されていない重要なイベントを表現することができる。例えば、計画の完了、設計の完了、製造の完了など

マイルストーンは大括りの進捗を示すうえで有効ですが、実務上の進捗指標はあくまでも細かいワーク・パッケージです。

すべてのワーク・パッケージには完了基準と結果が具体的に設定されており、それが実質的な進捗指標となります。

## 先行関係の整理

先行関係とは、アクティビティ間の論理的な順序関係のことです。各

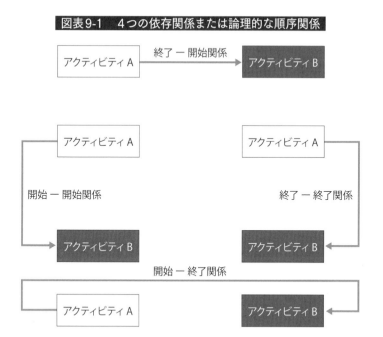

## 図表9-1　４つの依存関係または論理的な順序関係

出所：『PMBOK®ガイド』第6版

| 終了－開始関係 | 前のタスクが終了しないと、後継のタスクを開始できない |
|---|---|
| 開始－開始関係 | 前のタスクが始まらないと、後継のタスクを開始できない |
| 終了－終了関係 | 前のタスクが終了しないと、後継のタスクを終えられない |
| 開始－終了関係 | 後継のタスクが始まらないと、前のタスクを終えられない |

アクティビティには開始日と終了日があります。終了―開始関係は、あるタスクが完了しないと、その後継タスクが開始できないことを示しています。終了―開始関係はプロジェクトにおいて最も一般的なものです。終了―終了関係は、互いに独立して開始することができますが、先行タスクが終了するまで後継タスクは終了することができません。

　先行関係には、「終了―開始関係」「開始―開始関係」「終了―終了関係」「開始―終了関係」の４つの依存関係または論理的な順序関係があります。

131

# 計画ステップ3：ワーク・パッケージの見積り

　プロジェクト全体のコストと期間を決定するためには、ワーク・パッケージごとにコストとスケジュールの見積りを行う必要があり、これを「**ボトムアップ見積り**」と呼びます（168ページ参照）。見積り作業ではさまざまな情報が必要となるため、体系的に記録することが重要です。

　タスクのスケジュール見積りは、開始から完了までの時間を測定します。この見積りは通常、「**アクティビティ所要期間見積り**」と呼ばれます。アクティビティ所要期間見積りでは、タスクにかかるすべての時間を含めることが重要です。

　また、現実的なスケジュールを組もうとするとき、コストに注目すべきなのは、各コストが資源の制約を表しているからです。納入者（請負業者）を雇う、材料を購入するなどのコストが、スケジュールを制約します。もちろん、できる限り資源の制約を考慮してスケジュールを調整することになりますが、スケジュールを調整する前に、ワーク・パッケージごとにすべての資源要求を特定する必要があります。

　コスト試算の際の資源要求には、例えば次のようなものがあります。


- 労務費
- 設備費
- 材料費
- 定額契約


## ⁛ 作業量と所要期間の関係

　作業の所要期間は、通常、その作業を何人で行うかによって決まります。タスクの所要期間を見積もるときは、通常、利用可能な労働力の量を計算します。

### ➤ 生産性と期間の関係

タスクに必要な人数を見積もる場合、その生産性を考慮する必要があります。単純な作業に人を加えれば、総労働時間は増え、タスクの期間は短くなります。ただし、人を加えても、1人当たりの労働時間を抑え、総労働時間が変わらない場合、生産性も変わりません。

しかし、専門的な知識や技量が求められるタスクの場合、人数を増やしたからといって、必ずしも生産性が向上し、タスクの期間が短くなるとは限りません。例えば、2人のエンジニアが複雑な問題に取り組んでいる場合、3人に増やしてもタスクの進行が遅くなるだけで、製品の品質や納期には目立った変化がないことがあります。その結果、製品が変わらないのに人件費が増えるので、生産性は目に見えて低下します。

生産性を測定する際に考慮すべきもう1つのポイントは、通常、1つのプロジェクトにすべての時間を費やす人は、複数のプロジェクトに時間を分散させる人よりも生産性が高いということです。

こうしたことをはじめ、ワーク・パッケージのコストと期間の見積りには、考慮すべきことがたくさんあります。

# 計画ステップ4：初期スケジュールの算出

初期スケジュールは、ネットワーク図と各ワーク・パッケージのアクティビティ所要期間を用いて、各タスクの開始日と終了日、およびプロジェクト全体の開始日と終了日を決定することによって算出されます。

最早開始日：先行するタスクがある場合に、そのタスクが開始できる最短の日付

最早終了日：先行するタスクがある場合に、そのタスクが終了できる最短の日付

最遅開始日：プロジェクトの終了日を遅らせることなく、タスクを
　　　　　　開始できる最新の日付
最遅終了日：プロジェクトの終了日を遅らせることなく、タスクが
　　　　　　終了できる最新の日付

## ⁑ 4つの日付を決定するためのスケジュール計算の手順

ステップ1：往路時間計算（フォワード・パス）の分析

　往路時間計算（フォワード・パス）では、各タスクの最早開始日（ES：
Early Start Date）と最早終了日（EF：Early Finish Date）を決定す
る。ネットワーク図を最初から最後まで通して作業するため、このよ
うな名称となっている。

ステップ2：復路時間計算（バックワード・パス）の分析

　復路時間計算（バックワード・パス）は、各タスクの最遅開始日（LS：
Late Start Date）と最遅終了日（LF：Late Finish Date）を決定する。
復路時間計算の目的は、プロジェクトの終了日から逆算して、どのタ
スクがどのくらい遅く開始または終了できるかを決定することにあ
る。

ステップ3：フロートの計算

　タスクには、スケジュールの中でいつ実行できるかという柔軟性が
あるものと、柔軟性がないものがある。このスケジュールの柔軟性を
表す用語が「フロート」。フロートは、最早開始と最遅開始の差で計
算される。

## ⁑ クリティカル・パスでスケジュールの実現性を見積もる

　初期スケジュールが算出されると、プロジェクトのスケジュールが具
体化し始めます。算出された初期スケジュールとして、「**クリティカル・
パス**」があります。クリティカル・パスとは、プロジェクト進行に必要
なアクティビティをつなげた最長経路であり、プロジェクトに必要な最

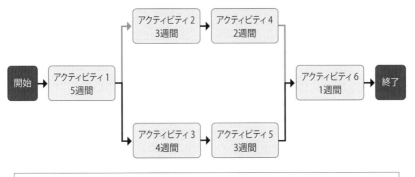

図表9-2　クリティカル・パスのネットワーク図の例

1［5週間］＋ 2［3週間］＋ 4［2週間］＋ 6［1週間］＝ 11週間　非クリティカル・パス ⟶

1［5週間］＋ 3［4週間］＋ 5［3週間］＋ 6［1週間］＝ 13週間　クリティカル・パス ⟶

第9章 ▪ 計画

短所要期間のことです。

　プロジェクト・アクティビティの最長経路であるクリティカル・パスの経路上にある各アクティビティの合計所要期間からプロジェクトの開始から終了までの最短所要期間が求められます。最長経路とは、最長の期間を意味し、必ずしも最も多くのタスクがあるわけではありません。

　フロートがゼロのタスクは、その最遅終了日に完了させなければプロジェクトの終了が遅れます。すべてのクリティカル・パスのタスクは定刻に開始し、定刻に終了させることが、プロジェクトを定刻に終了させる最も確実な方法です。ゆえにプロジェクトマネージャーは、「これはクリティカル・パス上に入っているタスクだ」とチームメンバーに伝えることで、タスクの期限必達をチーム内に動機付けするようにします。

　クリティカル・パスは、スケジュールの実現可能性を測る指標の1つです。楽観的なスケジュールの見積りが非現実的であるような場合、ステークホルダーにそのことを示すには、クリティカル・パスの概要を示したネットワーク図を示して理解を求めるようにします（図表9-2）。

### ❖ ガント・チャートとマイルストーン・チャートの活用

　スケジュール情報とタスクの関係の両方を表示する優れた手段として、「**ガント・チャート**」と「**マイルストーン・チャート**」があります。

　ガント・チャートは「**工程表**」とも呼ばれ、タスクを縦軸に記入し、そのタスクに要する時間がわかるように横軸に時間（期間）目盛りを入れたスケジュール表のことです（250ページ参照）。

　マイルストーン・チャートは、キックオフや承認の取り付け、重要作業の開始日などプロジェクトの成功のカギとなるマイルストーンの概要が一覧できるスケジュール表のことです。ここに表示するのは主要な成果物に関する予定開始日や予定終了日、および外部との重要なインターフェースについてのみです。また、ガント・チャートは、マイルストーン・チャートよりもきめ細かいネットワーク図であることが利点の1つです。

　大規模なプロジェクトでは、ガント・チャートが大きくなりすぎ、全体を見るのが困難な場合があります。マイルストーン・チャートは時間軸のネットワークを、一本の線にまとめるので、全体を俯瞰するのに適しています。


## 計画ステップ5：資源の割り当て

　資源平準化の目的は、プロジェクトに割り当てられた人員と設備の使用を最適化することです。特に、プロジェクト期間中に資源の追加と削除が何度も行われないように、そして資源を継続的に使用することが最も生産的であるという前提に立って資源平準化を行うようにします。

　現実的なスケジュールを作成するために使用可能な人員と設備を直視し、それに基づいてスケジュールを調整します。

## 図表9-3 プロジェクト・スケジュールの表現例

### ●マイルストーン・スケジュール

| アクティビティ識別コード | アクティビティの記述 | カレンダー単位 | プロジェクト・スケジュールの期間 | | | | |
|---|---|---|---|---|---|---|---|
| | | | 期間1 | 期間2 | 期間3 | 期間4 | 期間5 |
| 1.1.MB | 新しいプロダクトZの開始 | 0 | ◇ | | | | |
| 1.1.1.M1 | 構成要素1の完了 | 0 | | | ◇ | | |
| 1.1.2.M1 | 構成要素2の完了 | 0 | | | ◇ | | |
| 1.1.3.M1 | 構成要素1、2の統合の完了 | 0 | | | | ◇ | |
| 1.1.3.MF | 新しいプロダクトZの終了 | 0 | | | | | ◇ |

|← データ日付

### ●概略スケジュール

| アクティビティ識別コード | アクティビティの記述 | カレンダー単位 | プロジェクト・スケジュールの期間 | | | | |
|---|---|---|---|---|---|---|---|
| | | | 期間1 | 期間1 | 期間1 | 期間1 | 期間1 |
| 1.1 | 新しいプロダクトZの開発・納品 | 120 | | | | | |
| 1.1.1 | ワーク・パッケージ1：構成要素1の完了 | 67 | | | | | |
| 1.1.2 | ワーク・パッケージ2：構成要素2の完了 | 53 | | | | | |
| 1.1.3 | ワーク・パッケージ3：統合済み構成要素1、2 | 53 | | | | | |

|← データ日付

### ●詳細スケジュール

| アクティビティ識別コード | アクティビティの記述 | カレンダー単位 | プロジェクト・スケジュールの期間 | | | | |
|---|---|---|---|---|---|---|---|
| | | | 期間1 | 期間2 | 期間3 | 期間4 | 期間5 |
| 1.1.MB | 新しいプロダクトZの開始 | 0 | ◇ | | | | |
| 1.1 | プロダクトZの開発・納品 | 120 | | | | | |
| 1.1.1 | ワーク・パッケージ1：構成要素1の完了 | 67 | | | | | |
| 1.1.1.D | 構成要素1の設計 | 20 | | FS | | | |
| 1.1.1.B | 構成要素1の構築 | 33 | | | | | |
| 1.1.1.T | 構成要素1のテスト | 14 | SS | | | | |
| 1.1.1.M1 | 構成要素1の完了 | 0 | | | ◇ | | |
| 1.1.2 | ワーク・パッケージ2：構成要素2の完了 | 53 | | | | | |
| 1.1.2.D | 構成要素2の設計 | 14 | | | | | |
| 1.1.2.B | 構成要素2の構築 | 28 | | | | | |
| 1.1.2.T | 構成要素2のテスト | 11 | | | | | |
| 1.1.2.M1 | 構成要素2の完了 | 0 | | | ◇ | | |
| 1.1.3 | ワーク・パッケージ3：統合済み構成要素1、2 | 53 | | | | | |
| 1.1.3.G | 構成要素1、2をプロダクトZとして統合 | 14 | | | | | |
| 1.1.3.T | 統合済み構成要素をプロダクトZとしてテスト | 32 | | | | | |
| 1.1.3.M1 | 構成要素1、2の統合の完了 | 0 | | | | ◇ | |
| 1.1.3.P | プロダクトZの納品 | 7 | | | | | |
| 1.1.3.MF | 新しいプロダクトZの終了 | 0 | | | | | ◇ |

|← データ日付

出所：『PMBOK®ガイド』第7版

## ⫶ 資源平準化のプロセス

　ここで重要なのは、資源という言葉をどのように定義するかということです。資源とは、プロジェクトに投入される人、設備、原材料などのことです。資源平準化では、人と設備のみに着目し、プロジェクトに必要な材料は仕様で規定します。

　資源平準化は、最初のスケジュールとワーク・パッケージの資源要求から始め、大きく以下の4つのプロセスに従って行われます。

1. 初期スケジュールに対して、プロジェクト全体で必要な資源を予測する
2. 資源のピークを把握する
3. 各ピークで、重要でないタスクをフロート内で遅らせる
4. ワーク・パッケージの見積りを見直すことで、残りのピークをなくす

## ⫶ 資源平準化の計画がまだ非現実的である場合の対処法

　ワーク・パッケージを再見積りし、フロート内のタスクを遅らせることで、資源の山や谷を取り除くことができます。それでも、計画に非現実的または非効率的な資源配分が含まれていれば、次善の策としてプロジェクト完了日を遅らせるしかありません。使える労働力と作業量のバランスをとるためにスケジュールを延長する必要があるということです。

第 **10** 章

# アジャイル

### 変化する要求を管理し、段階的に価値を提供する

　従来のウォーターフォール型開発手法は、不確実な要求に直面した場合、納期や予算の有無にかかわらず、価値を提供できないことが懸念されました。一方、比較的短い期間での開発体制によるアジャイル型開発手法は、ソフトウェア開発の分野で広がり、現在、世界中で採用されています。アジャイルは、「俊敏」「素早い」という意味ですが、アジャイル開発は短期間でのサイクルを実現する開発概念の総称です。

　これは、米国の 17 名のエンジニアがソフトウェア開発のあるべき姿について議論した内容を基に 2001 年にまとめられた『アジャイルソフトウェア開発宣言』がベースになっています。

　アジャイル開発がプロジェクトマネジメントと相性がよいのは、ソフトウェア開発プロジェクトに限らず、多くの組織が「漸増的な提供形態」(これを「インクリメンタル・デリバリー」という。incremental とは "漸増の" という意) で随時発生する変化を管理しているからです。

　アジャイル開発手法を理解しているプロジェクトマネジメントの実践者であれば、これらの技法が計画と管理のためのアプローチに有効であることは既知のことと思います。

　プロジェクトマネージャーは、不確実な要求に直面しながら、段階的なリリース、デリバリーの可能性がある場合、潜在的な利益を得られるよう、アジャイル管理の基本原則を理解する必要があります。

# プロジェクトマネジメントとアジャイル開発

アジャイル開発の特徴の1つであるインクリメンタル・デリバリーには、従来型のプロジェクトマネジメントと類似点があります。どちらも新しい価値あるものをチーム一丸となってスケジュールに沿って提供する点です。

一方で、相違点もあります。多くの開発チームが、ウェブサイトや関連する顧客向けサービスの機能を絶え間なく改善していく電子商取引サイトを想像してみてください。システム変更や機能拡張は絶え間なく続くため、「承認」「定義」「計画」「実行」「終了」が可能なプロジェクトという従来の枠組みには当てはまりません。

不確実性の高い製品を開発する際のアプローチであるインクリメンタル・デリバリーは、顧客に成果物を提供するたびに、フィードバックと軌道修正の機会が生まれます。最終的に、提供されたものがビジネス目標を達成するのに十分であると顧客が判断した時点で、プロジェクトが終了となります。

このように、ソフトウェア開発や情報システムの構築などでは、計画・実行・テスト（検証）を素早く繰り返して目標達成していくために、プロジェクトチームが一丸となって、コミュニケーションを強固にすることが従来型のプロジェクト以上に求められます。チームメンバーがそれぞれの役割を遂行することはもちろんですが、ラグビーのスクラムを組むようにチームメンバーそれぞれの長所を活かしてコミュニケーションをとりながら目標に向かっていくことから、特にこうした開発手法を「**スクラム**」といいます。

スクラムは、ソフトウェアを中心とした段階的な開発のためのフレームワークとして活用されており、要求→設計→構築→テスト→導入のサイクルを繰り返す手法で構成されています。

**⯈ スクラムはチームマネジメントと顧客からのフィードバックを重視する**

　スクラムおよびインクリメンタル・デリバリーがもたらすメリットは、以下のとおりです。

- 開発チームと顧客の間で、最適なソリューションが徐々に合意されていく。迅速な試行錯誤は、最も望ましい製品を発見するための最も効率的な方法
- 使える製品を早く手にすることで、顧客は早く利益を得られる
- インクリメンタル・デリバリーは、製品全体のスコープを狭める可能性がある。最も重要な機能を先に提供することで、顧客はその実用的な製品を「これで十分」と判断し、プロジェクトの資源を他のプロジェクトに振り向けるかもしれないが、時間と資金を節約できる「十分な」製品こそが、結果的に最高の価値となる

# スクラム・フレームワークの概要

　スクラム支持者たちは、スクラムを方法論ではなく、フレームワークと表現しています。フレームワークは、役割（ロール）、作成物（アーティファクト）、活動（セレモニー）、およびガイドラインから構成されています。スクラムは、アジャイル開発で必要とされる規律を実践するうえで最適なフレームワークです。スクラム・フレームワークをシンプルかつ厳密に履行することで、インクリメンタル・デリバリーが実現できます。

　そして、スクラムを活用した製品を段階的に提供するには、次の3つの活動が必要です。

- 製品のどの段階で提供するかの決定

- インクリメントを迅速に構築し、提供するためのチーム
- インクリメントされた製品が有用かどうかを確認するための、顧客からのフィードバック

　スクラムは、これらの要素をすべて充足するものです。

　インクリメントによる開発の特徴は、「**スプリント**」で行われることです。スプリントとは、その名のとおり、短距離走（スプリント）のように通常 1 週間から 4 週間の短期間に集中して行われる製品開発活動のことです。スクラムチームは、複数のスプリントを組み合わせて、それぞれがインクリメンタル（漸増的）な価値を生み出していきます。なお、各スプリントの期間は一定とされます。

　各スプリントの期間内で、製品ないしは製品の一部のうち、どの部分の構築、改善を行うかは、スプリント前に決定されます。「**プロダクトオーナー**」と呼ばれる顧客担当者が、最も重要な構築・改修候補を開発チームに説明します。この構築・改修案のリストを「**スプリント・バックログ**」と呼びます。開発チームはお互いに話し合い、スプリント終了までに何を提供できるかをプロダクトオーナーに約束します。スプリントの終わりに、チームは自分たちが作ったものをプロダクトオーナーに確認を求めます。プロダクトオーナーは、それを受け入れるか拒否するかを判断し、その理由を説明します。

　スクラムのフレームワークでは、「プロダクトオーナー」「開発チーム」、そして重要なファシリテーターである「スクラムマスター」の責任が定義されています。これらがスクラムの主要な役割です。スクラムの主要な活動には、スプリントと、スプリントの前・中・後に行われる特定の会議（スプリント開始計画のための「スプリント計画会議」、開発チーム中心の進捗確認のための「デイリースクラム会議」、開発途中の成果をステークホルダーに報告しフィードバックを求める「スプリント・レビュー会議」、開発チーム中心の振り返りミーティングの「スプリント・

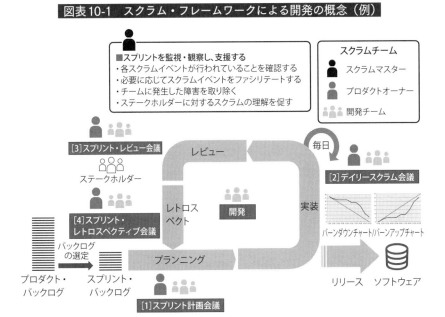

図表10-1　スクラム・フレームワークによる開発の概念（例）

■スプリントを監視・観察し、支援する
・各スクラムイベントが行われていることを確認する
・必要に応じてスクラムイベントをファシリテートする
・チームに発生した障害を取り除く
・ステークホルダーに対するスクラムの理解を促す

スクラムチーム
　スクラムマスター
　プロダクトオーナー
　開発チーム

[3]スプリント・レビュー会議
ステークホルダー
レビュー
毎日
[2]デイリースクラム会議
[4]スプリント・レトロスペクティブ会議
レトロスペクト
開発
実装
バーンダウンチャート/バーンアップチャート
プロダクト・バックログ
バックログの選定
スプリント・バックログ
プランニング
リリース　ソフトウェア
[1]スプリント計画会議

レトロスペクティブ会議」)があります。スプリント期間中、スクラムチームはスプリント・バックログなどの特定の作成物を使用します。

## スクラムの役割（ロール）

　スクラムの原則は、開発チームが選択したペースで、集中して生産的な作業を行えるようにすることです。この目標を達成するために、スクラムではプロダクトオーナー、スクラムマスター、開発チームという3つの具体的な役割を定義しています。この3つの役割を合わせて、スクラムチームを構成します。

## ❖ プロダクトオーナー

　プロダクトオーナーの仕事は、製品を明確にし、改善候補のリストに優先順位を付けることで、各スプリントの価値を最大限に高めることです。そのため、プロダクトオーナーは、製品の顧客や利用者の要望を徹底的に理解できる立場にいなければなりません。また、プロダクトオーナーは、プロダクト・バックログの所有者であり、優先順位を決める権限を持ちます。

## ❖ スクラムマスター

　スクラムマスターの重要な仕事は、スクラムの役割と実践すべきことを理解し、スクラムチーム内とその上位の組織内の両方で自らの役割を推進することです。「マスター」の表現は逆説的ですが、プロダクトオーナーと開発チームのサーバント（奉仕者）です。

　スクラムマスターは、他者を活かし、コミュニケーションや会議の促進、開発チームへのコーチ、そして生産性を阻害するものを取り除くことに重点を置きます。

　スクラムマスターの重要な責務は、ステークホルダーや経営陣からのコミュニケーションによって開発チームが気をとられたり、集中力を失ったりしないようにすることです。開発チームとのコミュニケーションは、最初はスクラムマスターまたはプロダクトオーナーを介して行われますが、以後、必要に応じて、開発チームがその役割を担うことも検討します。

## ❖ 開発チーム

　製品を作る作業は、開発チームが行います。インクリメンタル・デリバリーでは、完成の定義を満たした成果物であるインクリメントごとに理解（要求の精緻化）、設計、開発、テストを行う必要があるため、開発チームにはその作業を行うために必要なすべてのスキルが備わってい

なければなりません。

　また、開発チームは、1つのスクラムチーム、1つのスプリントに集中して取り組んでおり、プロダクトオーナーに対してコミットメントし、それを遂行できるだけのスキルの成熟度と、メンバー間での相互合意と説明責任を果たさなければなりません。スクラムの定義や理論がまとめられた『スクラムガイド』では、開発チームは必要とされる部門横断型のスキルを含むのに十分な規模でありながら、非公式なコミュニケーションや調整を行うのに十分な規模（実質的には10人以下）であることが示されています。

### ステークホルダー

　スクラムでは、スクラムチームだけでなく、多くのステークホルダーがプロダクトオーナー、スクラムマスター、開発チームの3つの中核的な役割と相互に関与し合います。

　しかしながら、『スクラムガイド』ではこれらの3つの役割がスクラムチームとして協働して活動することが生産性を高めるとしており、特にスクラムチームのプラクティス（アジャイルを実行するための手段のこと）に焦点を当て、ステークホルダーの役割には多くを触れていません。スクラムチーム以外でプロジェクトに関心を持つ人は、単にステークホルダーと呼ばれます。

# スクラムの活動（セレモニー）

　アジャイル開発には柔軟性と適応性が求められますが、スクラムは特定の構造と規律に従うことを求めています。柔軟でありながら規律を求めるという二律背反は、スクラムの中心的な活動であるスプリントと、スプリントを取り巻く活動の中で説明します。

要求をそのつど反映しながら行うイテレーション開発には、顧客に価値を迅速に提供できるメリットがあります。各イテレーション（スプリント）では、ソリューションのインクリメントを作成しますが、製品が大規模かつ複雑だと、本当に役立つ製品を顧客に提供するまでに、何度もスプリントを重ねることになります。その一連のスプリントを通して、製品・サービスのリリースがなされます。

## ▶ スプリントの期間

スプリントの期間は、スプリント開始時に設定されて以降は変更しません。これを「**タイムボックス**」と呼びます。スプリントの期間は1週間から4週間の間が一般的であり、開発チームが現実的に予測できる期間です。イテレーション開発は不確実性の高いプロジェクトに適用されるため、一度に1カ月以上の計画を立てようとするのは現実的ではありません。

- スプリントには、スコープがある。スプリントの最初のアクションは、スプリント計画会議であり、ここでスプリント目標を設定する。スプリントにおけるすべての作業は、スプリント目標に焦点を当てて行われ、スプリント中に変更されることはない
- スプリント期間中、開発チームはスコープを達成するために作業を行う。要求を明確にするために、プロダクトオーナーに必要に応じて確認する
- すべてのスプリントは、スプリント計画会議で始まり、スプリント・レビュー会議とスプリント・レトロスペクティブ会議で終わる。スプリントと同様に、これらの会議も時間が区切られている
- 1つのスプリントが完了したら、すぐに次のスプリントを始めることができる

以下に紹介する4つのスクラム会議は、スプリント内での効果的かつ集中的な取り組みを可能にします。

## ✥ スプリント計画会議

すべてのスプリントは、明確なコミットメントと目標達成のための計画から始めます。それが、スプリント計画会議の目的です。スクラムチームは、それぞれが貢献しながら一緒に仕事をします。

- プロダクトオーナーは、プロダクト・バックログの優先順位を決定し、スプリント期間中に何が最も重要な製品であるかを決定する権限を持つ
- 開発チームは、スプリント期間中にどれだけのスコープを担当するかを決定する権限を持つ。開発チームは、プロダクトオーナーと優先度の高い製品について議論し、各製品に必要な労力を見積もる
- 開発チームは作業計画を立てることに専念する。製品を通常1日以内の小さなタスクに分割し、その中で他のタスクよりも先に実行しなければならないものを特定する
- スプリント計画会議におけるスクラムマスターの主な貢献は、ファシリテーション、開発チームとプロダクトオーナーのコーチング

スプリント計画会議の結果、開発チームはプロダクトオーナーとスクラムマスターに、何をどのように作るのかを示します。スプリント計画会議のタイムボックスは、スプリントの期間に比例しており、2週間のスプリントは4時間以内、4週間のスプリントは最大8時間以内で計画されます。

## ✥ デイリースクラム会議

デイリースクラム会議は、「開発チームは作業を調整する能力があり、

より大きな権限を持つ立場の人から指示を受ける必要はない」というスクラムの前提に立っています。この会議はチームが決めた期間と頻度で行われ、タイムボックスは 15 分です。これは、開発チームのメンバーがお互いに報告し合い、その日の作業の焦点を決めるために協力するのに十分な時間です。会議では、各メンバーが 3 つのトピックをメンバーと共有します。

- 前回の会議以降の成果
- 次に行うタスク
- 遭遇している障害など

　デイリースクラム会議はチームの仕事です。スクラムマスターは、この会議に立ち会う必要はありませんが、この会議が行われることを確認し、必要に応じてチームをコーチします。また、スクラムマスターはチームの生産性を妨げる障害を知るために会議に参加し、解決すべき障害を把握します。

## ⁑ スプリント・レビュー会議

　スプリント・レビュー会議は、インクリメンタル・デリバリーのための顧客フィードバックの要素となります。すべてのスプリントは、スプリント・レビュー会議とスプリント・レトロスペクティブ会議で終了します。スプリント・レビュー会議は、スプリントの結果を顧客に提供し、顧客がそれを受け入れるかもしくは却下するかし、チームにフィードバックを与えます。レトロスペクティブ（retrospective：「振り返る」という意）は、スクラムチームが自らの活動を振り返る場であり、その効果を確認し、次のスプリントに向けて調整を行います。

　スプリント・レビュー会議には、スプリントの長さに比例したタイムボックスがあります。1 週間のスプリントでは 1 時間、4 週間のスプリ

ントでは4時間のレビューが行われます。

　スプリント・レビュー会議はスクラムの中で最も包括的かつオープン
な会議です。レビューの参加者には、スクラムチームに加えて、関心の
あるステークホルダー、特に製品の方向性についてフィードバックを提
供できる人が含まれます。

　開発チームによるデモンストレーションでは、その時点でできあがっ
た製品、ないしは製品の一部が実際に動作しているところを確認できま
す。今回のスプリントで受け入れられたプロダクト・バックログの製品
がデモンストレーションされ、プロダクトオーナーはその製品を受け入
れるか、却下するかして次のスプリント・バックログに持ち越すかどう
かの選択肢を与えられます。

　すべての製品が受け入れまたは却下された後、スクラムチーム以外の
ステークホルダーがさらなる質問をし、製品の完成に役立つ新たな情報
を伝える時間もあります。レビューに参加することで、ステークホルダー
は、デリバリーされたものとプロダクト・バックログの残件の差異によっ
て全体的な進捗状況を把握することができます。

## ❖ スプリント・レトロスペクティブ会議

　各スプリントの終了時は、スクラムチームがスプリントの有効性を議
論する振り返りの機会となります。繰り返し、あるいは随時、レトロス
ペクティブを行うことはスクラムチームの継続的学習と改善につながり
ます。会議のタイムボックスは、スプリントの期間に比例します。4週
間のスプリントで最大3時間です。スプリント・レトロスペクティブ会
議はスプリント・レビュー会議の約4分の3の長さになると考えます。

　最初の数回のスプリントでは、スクラムマスターがこの議論をリード
するために大きな役割を果たします。

　この会議では、対人コミュニケーション、ツール、チームプロセスな
ど、チームの生産性に関するあらゆる側面が議論されます。重要なトピッ

クとして、スプリントのコミットメントをどれだけ達成したか、生産性
に貢献した要因や阻害した要因は何かが常に挙げられます。会議の結果
は、次のスプリントで適応すべき行動指針になります。

# プロダクト・バックログの管理

　アジャイルの中心的な原則である「価値を素早く提供する」というこ
とに少し立ち返ってみましょう。要求事項のリストである「プロダクト・
バックログ」は、価値のあるインクリメントを定義し、最も価値のある
ものを最初に提供するように優先順位を付けます。

### 刻々と変化する要求に対処する

　製品に何をさせたいのか？　ユーザーはその製品をどのように使うの
か？　従来の直線的なウォーターフォール型システム開発プロセスで
は、これらの質問に対する答えは、要求段階で可能な限り定義されます。
しかし、アジャイル実践者が指摘しているように、製品の設計・開発が
進むにつれて、要求事項のリストは増えていきます。もちろん、ウォー
ターフォール型でも、いくつかの「望ましい要求」は将来の拡張候補と
して残され、保持されます。

　刻々と変化する要求に抵抗するのではなく、アジャイル手法はこの現
実を受け入れます。製品はインクリメンタルに提供されるため、要求が
明確であるべきなのは、チームが現在のスプリントで取り組んでいる製
品のインクリメントに対してのみです。要求の優先順位が低いものは、
抽象的な状態でも許容されます。

### ユーザー・ストーリーで要求を定義する

　要求は、「ユーザー・ストーリー」を通して定義されます。**ユーザー・**

**ストーリーとは、開発するシステムがユーザーにとってどんな価値をもたらすかを明示した文書のことです。**アジャイルの実践者や支持者の間では、ユーザー・ストーリーに関するさまざまな基準がありますが、一般的に、ユーザー・ストーリーは、ユーザーが製品と一緒に行う特定のやり取りや行動を記述するという点で一致しています。ユーザー・ストーリーにはさまざまな形式がありますが、実用的でポピュラーな形式は以下のとおりです。

第10章 ▪ アジャイル

[Who（ユーザー・顧客）] として、[What（達成したいゴール）] をしたい。なぜなら [Why（理由）] だから。

例えば、以下のように記述します。

創業から20年、従業員150名規模の会社の経理担当者として、月末の経費精算に関わる対応をこれまで紙媒体で行っているが、これをすべて電子化してほしい。なぜなら、本人申請と承認者確認、および領収書の二重チェックや見直し確認の時間を短縮できるから。

この形式は、プロジェクトのビジネスケースの起点となるビジネス要求と似ています。ユーザー・ストーリーは、ユーザーと製品が生み出す価値に焦点を当てていますが、技術については書かれていません。形式は似ていますが、ユーザー・ストーリーは、非常に具体的なユーザーの要望に焦点を絞っています。したがって、プロダクト・バックログは、想定されるすべてのユーザー分類を表し、それぞれのユーザーが達成したいことを、ユーザー自身が理解すべきビジネス用語で記述します。プロダクト・バックログは、すべてのステークホルダーとの議論や交渉を通じて、常に優先順位が付けられ、何が製品をより良いものにするかという最新の見解が更新されています。

プロダクト・バックログを構成するプロダクト・バックログ・アイテム（PBI：Product Backlog Item）の表現形式や定義プロセスには、スプリント・バックログに渡せるよう明確で具体的な条件を満たしていることが推奨されています。優れたユーザー・ストーリーと同様、プロダクト・バックログ・アイテムを表現、定義する際のINVEST（Independent, Negotiable, Valuable, Estimable, Small, Testable）について、以下に紹介します。

[Independent：独立している] 他のプロダクト・バックログ・アイテムと依存関係がなく、どのような順序でも実行できるように独立している必要がある。

[Negotiable：交渉可能] 詳細は会話して決めていくため、Howが書かれていないこと。

[Valuable：価値がある] タスク内容が書かれているのではなく、価値について書かれている必要がある。

[Estimable：見積り可能] 見積りが可能な状態になっている必要がある。

[Small：小さい] Estimableとも関連。大きすぎると見積りが困難かつストーリーを把握することが難しいため、適切な大きさである必要がある。

[Testable：テスト可能] ストーリーを達成しているか否かを確認するテストが実施できる。

## ❖ 進化する製品の姿

アジャイルは、製品が継続的に改善されることを前提としているため、プロダクト・バックログの要求リスト（プロダクト・バックログ・アイテム）は常に増加する可能性があります。ステークホルダーの要望のリストが増えるだけでなく、製品がどのように最も有用であるかについてのス

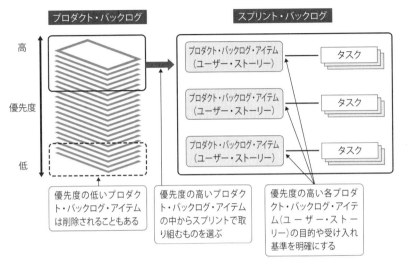

図表10-2　プロダクト・バックログおよびスプリント・バックログの優先順位付け

テークホルダーの理解が深まると、ユーザー・ストーリーが削除される
こともあります。

　スプリント計画会議では、開発チームはプロダクト・バックログの優
先度の高い各ユーザー・ストーリーの目的や受け入れ基準を明確にする
ために、プロダクトオーナーに質問をします。この対話により、全員の
理解が深まります。スプリント・レビュー会議では、各ユーザー・ストー
リーが提示されると、プロダクトオーナーとステークホルダーは、製品
が生まれつつあるのを目の当たりにします。そのため、スプリント・レ
ビュー会議では、新たに優先度の高いユーザー・ストーリーが生まれる
ことがあります。

## ❖ プロダクトオーナーがプロダクト・バックログを管理する

　ユーザー・ストーリーの追加や、ユーザー・ストーリーの優先順位を
変更する権限を持っているのは、プロダクトオーナーだけです。プロダ

クトオーナーは、スクラムチーム以外のステークホルダーからも要求や
プロダクトビジョンの理解を得ますが、要求を交渉し、優先順位を付け、
明確にするのはプロダクトオーナーの責任です。プロダクトオーナーは、
「最も重要なユーザー・ストーリーだけがスプリントに入る」という現
実を踏まえつつ、すべてのステークホルダーの関心事を統合するスキル
と不屈の精神を持っていなければなりません。

# 計画を可視化する

　プロジェクトマネジメントでは、ネットワーク図やガント・チャート
で計画を共有しますが、スクラムでは、実行すべきタスクを可視化した
「タスクボード」や、期限までにすべての作業が完了できるかをグラフ
で可視化した「バーンダウン・チャート」を使って計画を共有します。

### スプリント・バックログとタスクボード
　スプリント計画会議の結果、開発チームはユーザー・ストーリーを選
び、そのストーリーをタスクに分解します。スプリント期間中、これら
のタスクには３つの状態があります。「未着手 (To Do)」「進行中 (Work
In Progress)」「完了（Done）」です。タスクボードは、タスクの状態
を表現する一般的な表示方法によってデイリースクラム会議で更新され
ます。
　作業の可視性が重要なため、タスクボードは、壁に貼った大判の紙や
ホワイトボードなどに付箋やインデックスカードを使って、常時、タス
クの進捗を閲覧可能な状態にします（紙やボードではなく、PC 等で活
用できるアプリなどもあります）。ユーザー・ストーリーとタスクを区
別するために色を追加したり、特定の種類の作業を表すために「進行中」
の列を追加したりと、チームごとにタスクボードに意味を持たせます。

## 図表10-3　３つのタスクの状態を示すタスクボード

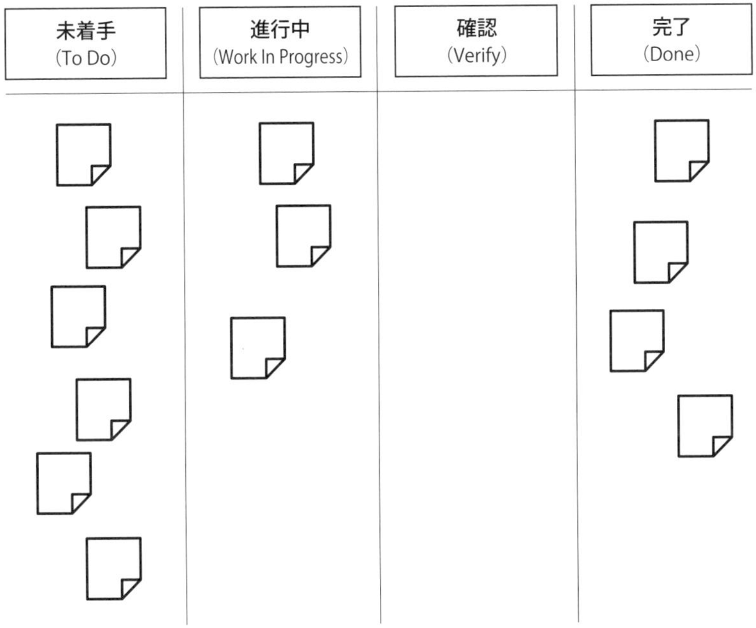

| 未着手<br>（To Do） | 進行中<br>（Work In Progress） | 確認<br>（Verify） | 完了<br>（Done） |
|---|---|---|---|

　また、「進行中（Work In Progress）」と「完了（Done）」の間に「確認(Verify)」と書かれた列を入れておくのが一般的です。「確認(Verify)」列は、チームメンバーやプロダクトオーナーが、他のチームメンバーの作業が完了したとみなされる前に確認や検証をしていることを示しています。

### ▶ バーンダウン・チャートで生産性（Velocity）の推移を示す

　開発チームがステークホルダーとコミットメントしたスプリント期間中に完了させる作業アイテムが順調に進んでいるかどうかを確認したいとき、バーンダウン・チャートを見ればそれが一目瞭然です。バーンダウン・チャートの縦軸はチームの総工数を表し、横軸はスプリントの総

期間を表しています。

　このチャートは、スクラムマスターによるスプリント計画会議で作成
されます。

　スプリント計画会議では、各タスクが特定されると作業時間の見積り
が割り当てられます。一般的には、チームは過剰にコミットすることを
奨励されていないため、チームメンバー 1 人当たり 1 日 7 時間分の仕事
を担当します。また、チームは自分たちの能力からプランニング、レ
ビュー、レトロスペクティブの会議を差し引くので、10 日間のスプリ
ントであれば 9 日間の作業日しかありません。

　図表 10-4 の例では、10 日間のスプリントを行う 4 人のチームは、合
計 252 時間のキャパシティを持っているので、合計 252 時間までのタス
クを引き受けます。そして、デイリースクラム会議でタスクが完了した
ことが示されます。残りのバックログは再計算され、バーンダウン・
チャートに反映されます。数日後には傾向が現れますが、その傾向が計

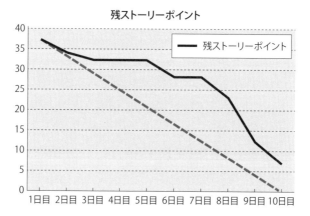

**図表10-4　残ストーリーポイントを示すバーンダウン・チャート**

残ストーリーポイントとは、ユーザー・ストーリーを実装するまで作業量
（ストーリーポイント）があとどれだけ残っているかを示すこと

画された生産性を下回る場合、チームはコミットメントを達成できない危険性があることを認識し、それに対して何をすべきかを決めることになります。

# スクラムの重要な要素

アジャイル開発を管理するスクラム・アプローチとして、スクラムを構成する主要な役割（ロール）、活動（セレモニー）、成果物（アーティファクト）を説明しました。これらすべてが機能するためには、成熟した自己管理型チーム、インクリメンタル・デリバリー、製品開発に対するアジャイルで段階的なアプローチを受け入れる組織など、特定の環境要因が揃っている必要があります。

### ▶ 成熟した自己管理型チーム

スプリント計画会議からスプリント・レトロスペクティブ会議まで、開発チームには、団結して仕事をするための成熟度、約束を守る責任感、尊敬と生産性のある関係を維持することが求められます。もちろん、すべてのチームがはじめからこのようなわけではありません。スクラムマスターは行動をコーチしますが、グループ内でうまくやっていけないチームメンバーに対処する上司はいません。スクラムは、チームが自己管理し、自らの生産性を向上させる能力があるとの前提に立っています。

### ▶ インクリメンタル・デリバリーと組織のアジャイルに対する理解

アジャイルソフトウェア開発手法には、設計、コーディング、テストに関する具体的なプラクティスがあります。実際に製品を段階的に構築して提供する方法を見つけ出すことは、スクラムでチームを管理することと同じくらい重要です。アジャイルやスクラムの先駆者たちはソフト

ウェア開発に従事していましたが、これらの手法が普及するにつれ、他の業界でも適用方法が見出されています。その秘訣は、製品をより小さな要素に分解し、数日から数週間で設計、構築、テストができるようにする方法を再考することです。

スクラムのプラクティスは、スクラムチーム、特に開発者にとってはうまく機能します。しかし、スクラムが真に機能するためには、すべてのステークホルダーがアジャイルの前提を理解しなければなりません。

# スクラムとプロジェクトマネジメント

プロジェクトマネジメントは、過去70年間にさまざまな業界で実践され、進化してきました。スクラムは、そのルーツを1980年代半ばにまで遡ることができますが、2001年以降のアジャイルソフトウェア開発の登場によって大きく成長しました。

アジャイルソフトウェア開発に従事していないプロジェクトマネジメントの実務者にとっては、いくつかの手法を認識していても、スクラムがプロジェクトマネジメントにどのように適合するかについては疑問が残るでしょう。スクラムに関する資格を認定する米国の非営利団体Scrum Alliance®（スクラム・アライアンス）によるスクラムの定義によれば、スクラムのフレームワークにはプロジェクトマネージャーの役割が明示されていないからです。

スクラムでは、スプリントを通じて段階的に価値を提供することに重点を置いていますが、最初のスプリントの前段階で必要とされる目的、プロジェクト化の必要の有無、開始時期の決定について、スクラムの役割では明確に割り当てられていません。コスト、スケジュール、スコープ、リスク、資源管理など、スクラムだけでは開発ライフサイクル全体を管理するには十分ではないということです。

　アジャイル型開発の中でも最もよく知られる手法としてのスクラム
は、開発作業が始まってから、その作業を管理するという重要な役割を
果たしています。スクラムを真に理解するためには、アジャイルソフト
ウェア開発の理解を広げ、深めなければなりません。

# 見積り

### 適切な手法を使い、予算と期間の基準を作る

　見積りには大きく、成果を出すために必要な「コスト（予算）」と「スケジュール（期間）」があります。

　コストやスケジュールの見積りには法則や数式が使われますが、それとともに知恵や工夫、経験則から得た直感といった側面も重要です。

　見積りにおいて重要なことは、すべてのステークホルダーが正確な見積りに責任を持つことです。顧客、プロジェクト・スポンサー、経営陣は、仕様の安定度・人材の確保・納期など、プロジェクトチームよりもコントロールできる要素が多く、これらのステークホルダーが協力し合うことで、より良い結果が得られます。

# 見積りの基礎知識

　プロジェクトには、多かれ少なかれそれぞれに独自性があります。異なるタスクの組み合わせや異なる要素の洗い出しなどが普通であり、定型化されたものはありません。プロジェクトごとに取り組み方を考える必要があり、見積りにおいてもその点は同様です。

　見積りにはさまざまなパターンがありますが、そこで誤らないためには、以下に示すような留意点に配慮するようにします。

## ❖ 見積り初期段階での留意点

### ● 完全な仕様書がない状態での見積り

　これは、設計図がない状態でプロジェクトの見積りを依頼された場合に、納入者（請負業者）が犯してしまうミスです。実際、設計図や仕様書を作っている開発者や納入者（請負業者）であれば、この種のミスを何度も犯すことはありません。

　一方、新製品開発やプロセス改善、情報システムなどのプロジェクトでは、こうしたミスが頻発します。それは、先に予算とスケジュールが決まってしまっているからです。そして、完全な仕様書がなければ、そのプロジェクトが何を生み出すのかが明確ではないため、見積りの内容には根拠がないことになります。

　新製品開発やプロセス改善、情報システムの構築・改修などのプロジェクトに共通するのは、まず問題を特定してから、ソリューションへのアプローチ法を考えるということです。アジャイル手法を用いたソフトウェア開発プロジェクトであっても、何を作るのかという目的に明確なビジョンがないまま新しいプロジェクトに飛び込むことには注意が必要です。これらのプロジェクトはすべて、見積りを含むビジネスケースの作成から始めるべきです。

●見積り金額と入札金額の混同

　見積りと入札は同じものではありません。見積りはプロジェクトにどれだけの費用と時間を要するかを予測することであり、入札は納入者(請負業者）がプロジェクトを遂行するために予算とスケジュールを提示することです。入札用の文書は見積書を基に作成されることが多く、納入者（請負業者）の利益マージンも含まれていることに注意が必要です。

　**ここで認識しておくべきことは、入札は顧客にとって魅力的で、かつ入札者にとっても利益が出るように計算されたものであるのに対し、見積書は実際の納期を予測したものであるということ**です。

●見積りの水増し

　見積りに時間や資金を追加する正当な理由はたくさん考えられます。リスク管理プロセスで特定されたリスクに対しては、緊急の資金として、コンティンジェンシー予備費を追加することができます。また、メンバーの病欠や休暇による不可避の遅れを考慮して時間を追加するのが普通です。しかし、プロジェクトを早期に予算内に収めることだけを目的として、見積りに時間と資金を追加する見積書の水増しは、合法的でも生産的でもありません。

　最良の方法は、正直で詳細な見積りを提示することです。それでも、その見積りが受け入れられないようなら、実績データを使って、見積りを受け入れてもらえるように協議します。最終的に顧客との合意を得るには、誠実な対応と約束を守ることに尽きます。

## ❖ 見積りの成功ルール

　見積りの際に避けるべき典型的なミスがあるように、すべてのプロジェクトで常に適用される成功のためのルールには以下のようなことが挙げられます。

第11章 ■ 見積り

● 適切な人が見積りをする

見積りの適任者は以下のとおりです。

- 見積り対象となる仕事に精通している
- 実際に仕事をする人に参加してもらう（自分たちの限界をよく理解している人に参加してもらう）
- 見積りの目標と技術を理解し、目の前の仕事の理解だけでなく、見積り手法と目標の両方を学んでいる（見積りの目標とは、最高のパフォーマンスを楽観的ではなく、実現可能で正確に見積もること）

● 経験に基づく見積り

同じプロジェクトは2つとありませんが、過去のプロジェクトの実績データが将来のプロジェクトの見積りに役立つほどの類似パターンを持っている場合があります。プロの見積り担当者は、常に新しい実績データを使用して、見積りモデルを改良・改善しています。こうした独自の見積りモデルとデータベースは、プロジェクトマネージャー個人の範疇を超えて、組織が責任を持って行わなければなりません。

このようなデータベースがあれば、プロジェクトの見積りは正確さを増していきます。これがないと、プロジェクトチームはゼロからのスタートとなり、各メンバーの記憶や勘に頼らざるを得なくなります。過去の実績データがあれば、すべての見積り手法がより正確になります。

## ▶ 3段階の精度の見積り

プロジェクトの初期段階では、プロジェクトの正式承認に必要な詳細計画ほどの時間と労力や費用をかけるべきではありません。以下に示すのは、簡便的なものから順に3段階の精度の見積り法です。

● 超概算見積り

プロジェクト初期段階の超概算見積りは、時には2倍近くの差が生じ

ることもあり、見積り精度は他の見積り技法と比べて低くなりがちです。類似の過去のプロジェクトとの比較や、その総見積りのパーセンテージをプロジェクトの各フェーズやタスクに割り当てる方法を組み合わせます。その正確さは、見積り担当者の知識と経験に依存します。誤差は、−50% 〜 +100% です。

### ● 概算見積り

概算見積りは専門家の経験則と直感に依存するため、時間を要しない方法です。よって、精度は見積り担当者の知識と経験次第です。誤差は、−10% 〜 +25% です。

### ● 確定見積り

確定見積りは、プロジェクト計画に関わるすべてのステップに基づいて行われます。製品の詳細な理解を前提とし、主要な資源の利用可能性に基づいているため、これも担当者の経験によって精度に大きな差が生じることがあります。仕様書を基にして行うため、多くの製品要求仕様書の作成や設計作業を伴い、見積り時間だけでなく、コストも要します。誤差は、−5% 〜 +10% です。

# 見積り手法

優秀なプロジェクトマネージャーほど、正確な見積りを出すためには時間と労力を要することを理解しているので、必要な精度を得るためにさまざまな見積り手法から適切なものを選択することに配慮しています。

## ▶ フェーズごとの見積り

フェーズごとの見積りは、プロジェクトの１つのフェーズだけにコス

トとスケジュールのコミットメントを要求するものです。設計→開発→テスト→リリースというプロジェクトのライフサイクルの最初に完全な見積りを求めるのは非現実的であるため、プロジェクトのライフサイクル全体をフェーズに分け、それぞれのフェーズをプロジェクトとみなします。

フェーズごとの見積りでは、各フェーズの終了時に目指す目的と目標にプロジェクトが向かっているかを見定め、その時点での最新の見積りを提示して経営陣にプロジェクトの承認を依頼し、更新するようにします。

プロジェクトのライフサイクルの初期段階には多くの不確実性がありますが、プロジェクトが進行して情報が収集されるにつれて、この不確実性は低減していきます。他のどのステークホルダーよりも、顧客は開発ライフサイクル全体の正確な時間とコストの見積りを求めますが、製品開発の取り組みを最初に検討する際には不確実性が非常に高いため、正確なコストとスケジュールの予測ができません。

フェーズごとの見積りはこの不確実性を認識したうえで、製品のライフサイクル全体を段階に分けて、それぞれをプロジェクトとみなします。このプロセスは次のようになります。

- 第1フェーズでは、開発ライフサイクル全体の超概算見積りと、第1フェーズの詳細見積り（ボトムアップ見積り）を組み合わせて開始する。詳細見積りは正確性が重視され、プロジェクトチームのコミットメントとみなされる
- 第1フェーズの終わりに第2フェーズのための承認が行われ、次のフェーズが始まる。プロダクト・ライフサイクルの残りの期間について、第2フェーズの詳細見積りとともに、新たな超概算見積りが作成される
- このようなフェーズ承認のサイクルは、各フェーズ・ゲートで繰り返

され、そのたびに開発ライフサイクル全体の超概算見積りはより正確
になっていく

　プロジェクトマネージャーやチームがフェーズごとの見積りを選好し
がちなのは、先述したように 1 つのフェーズのコストとスケジュールの
見積りに対してのみコミットできるからです。しかし、プロジェクトに
資金を提供する側にとっては、プロジェクトチームがプロジェクトの予
算やスケジュールに対する説明責任を果たさずに、フェーズレビューの
たびに資金と時間の追加を要求し続けているように見えます。

　ここで、資金を提供する側、つまり顧客グループが理解しなければな
らないのは、フェーズごとの見積りは自分たちに有利に働くリスク削減
の手法であるということです。製品に関する十分な情報が得られないう
ちに、プロダクト・ライフサイクル全体のコストとスケジュールの見積
りをプロジェクトチームに要求すると、全員がリスクを負うことになり
ます。

　顧客は、プロジェクトチームから初期段階でプロジェクトのコミット
メントを得ることで予算の超過を防げると考えがちですが、これは間違
いです。現実的な予算を立てなければ、プロジェクトの進行に伴って予
想外のコストが発生し、最終的にその代償を払うのは顧客です。

　顧客がフェーズごとの見積りを受け入れるのは、新たなフェーズにな
るたびに、その取り組みを見直す機会が与えられることを理解している
からであり、高すぎるようであれば中止することもできます。中止する
と、投入した資金に見合う最終製品はできあがりませんが、少なくとも、
非現実的なプロジェクトを進めることに費やされるコストを止めたこと
になります。

　成功を目指すプロジェクトマネージャーは、開発ライフサイクルのす
べてのフェーズをプロジェクトとして扱います。製品開発のライフサイ
クルの中で、コスト、スケジュール、スコープのバランスを何度も見直

すために、フェーズごとの見積り手法を用います。この方法の大きな利点は、初期段階の大きな不確実性の中での決定ではなく、多く、かつ小さな情報に基づいた決定によってプロジェクトを方向付けることができることです。

以下に示すのが、実際に採用されている主な見積り手法です。

**類推見積り**：「**トップダウン見積り**」とも呼ばれる。過去のプロジェクトの実績に基づいて見積もるため、見積りの精度は他の見積り技法と比べて低くなりがちだが、プロジェクトの初期段階で見積もるための材料が多くない場合に適している。

**係数見積り**：「**パラメトリック見積り**」とも呼ばれる。見積り算定のためのパラメーター（変数）と計算式を用いてプロジェクトやアクティビティのコストや所要期間を見積もる。係数見積りの精度を決めるのは、過去の実績に基づくデータと、見積り担当者による正確な要素の入力数値。

**ボトムアップ見積り**：最も手間がかかる反面、最も正確な手法。その名のとおり、成果物に至るタスクを細かく分解してその作業ごとの見積りを足し上げていく。つまり、WBSを構成する各ワーク・パッケージのタスクに応じて見積りを行うことであり、見積り精度はワーク・パッケージの精度に左右される。

ボトムアップ見積りのメリットは精度が高いことにありますが、初期段階で使用されることはほとんどありません。スケジュール作成に時間がかかることもその理由の1つですが、最大の理由はプロダクト・ライフサイクルの最初の段階では、ライフサイクル全体の詳細なボトムアップ見積りを作成するのに十分な情報が揃っていないからです。

そのため、ボトムアップ見積りは、フェーズの詳細見積りを作成する際にのみ有効な手法といえます。

## ❖ アジャイル見積りの実践

　アジャイル手法が普及した大きな要因は、ソフトウェア開発プロジェクトの見積りの難しさにありました。アジャイルを採用しているプロジェクトの見積りは、その目的や考え方は予測型（ウォーターフォール型）開発アプローチを採用しているプロジェクトとは異なります。もちろんプロジェクトの選択と優先順位付けのためにもアジャイル手法を用いる組織も同様に、プロジェクトを開始する前に見積りを必要とします。

　トップダウン見積りに分類される類推見積りや係数見積りがここでは関係します。新しいプロジェクトの見積りを考えるときに重要な質問は、「このプロジェクトは以前のプロジェクトとどのように似ているか？」です。

　スクラムのフレームワークでは各スプリント（一定の作業を繰り返す短い期間）の期間は同じであり、チームの規模も変わらないため、スケジュールとコストは固定されています。見積りは、利用可能な時間内にチームがどのようなスコープを達成できるかに焦点を当てます。

　スプリントのスコープを見積るための最も一般的なアプローチの1つは、尺度となるサイズを決め、プロダクト・バックログ（作業の優先順位を付けたリスト）の中で最も優先度の高いアイテムに相対的なサイズを割り当てることです。これを「**相対見積り**」といいます。

　相対見積りの基準の例としては、「距離」や「サイズ」が挙げられます。基準となる大きさや距離を決めて、その基準を軸に相対的に比較することで、見積りの正確性は高まります。一方、絶対時間（所要時間）を使うと、進め方や方法、懸念事項の織り込みなど、個々の主観が入り、見積り精度が下がります。基準として取り上げた「距離」や「サイズ」といった尺度はプロジェクト内での使用のみを目的としています。チームが一貫した尺度を使用している限り、その尺度はプロジェクトチーム内で意味を持ちます。

# 詳細な予算見積りの作成

　プロジェクトが承認されると、詳細で正確なコスト見積りが必要になります。詳細な計画から現実的に算出されたコスト見積りは、時間軸で展開する予算の基準となるコスト・ベースラインを基にして、コストが計画どおりに消化され、成果が出ているかを確認します。

　プロジェクト進行中のコスト情報とコスト・ベースラインは、プロジェクトのコントロール、進捗状況のモニタリング、問題の特定と解決策の発見に役立ちます。

## 詳細予算の基礎情報

　予算計算の基礎情報となるものとして、以下の項目があります。

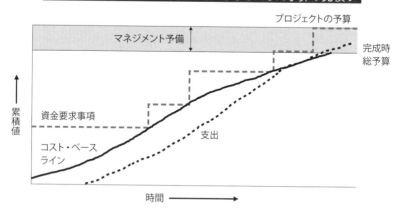

**図表11-1　コスト・ベースラインをもとにした予算の見積り**

プロジェクトの予算は完成時総予算とマネジメント予備のための費用を含めて算出する。コスト・ベースラインと支出をもとにプロジェクトの完成時総予算を見積もる。その際、資金要求事項を必要なタイミングで明確にし、その状況に応じて資金を拠出する。

出所：『PMBOK®ガイド』第6版から引用した図を一部加工

人件費：社内メンバーの人件費

設備費：当該プロジェクトに関わる機器などの購入

材料費：部品や原料などの購入

外注費：外部の人件費

管理費：プロジェクトの維持管理のための費用

　すべてのコストを把握するための基礎として有益なのが、WBS です。材料費や材料を必要とするすべてのタスクが含まれるようにワーク・パッケージを構成する形で WBS を使用します。注文と納入のタスクの組み込みや、支払日をタスクとして含めることで、プロジェクトのキャッシュフロー・スケジュール を策定するために必要な情報も WBS に含めることができます。

# 資源

## トレードオフを踏まえ、貴重な資源のバランスをとる

　プロジェクトマネージャーは、事実を合理的に分析し、現実的な期待値を設定しなければなりません。プロジェクトの定義と計画の技法を用いて、これらの「時間の制約」「資金の制約」「資源の制約」の3つのプロジェクトにおける制約に対して、スコープのバランスをとらなければなりません。

　プロジェクトマネージャーの仕事は、可能性のあるビジョンを描き、そのビジョンが実現できるようにプロジェクトのバランスを調整することであり、それには、論理的思考力、戦略策定力、革新的柔軟性、そして何より人間力としての誠実さが求められます。

# プロジェクトのバランスをとる３つの視点

　必要とされる変革や改善に応じて、プロジェクトは次の３つの異なる視点でバランスをとります。

### 1.　プロジェクトの視点

　プロジェクトの視点では、コスト、スケジュール、スコープの目標に沿ってバランスを調整します。これは、プロジェクトマネージャーとチームに与えられた権限です。

### 2.　ビジネスケースの視点

　コスト、スケジュール、スコープの目標の見直しが生じることは、ビジネスケースの再評価を意味します。プロジェクトの目標の変更は、プロジェクトマネージャーとチームの権限を超えた決定になります。

### 3.　企業の視点

　プロジェクトとビジネスケースのバランスがとれているにもかかわらず、企業がどのプロジェクトを推進するかを選択しなければならない場合、企業レベルでプロジェクトのバランスをとることになります。この判断は、プロジェクトの管掌部署や経営陣、中には政府機関などもあり、プロジェクトマネージャーやチームの権限外となります。

　プロジェクトのバランスをとる方法は、プロジェクトの数だけあります。次項からは、「プロジェクトの視点」「ビジネスケースの視点」「企業の視点」からバランスをとるための選択肢や代替案を紹介していきます。

# プロジェクト視点からのバランス

## ▶ プロジェクトの再見積り

プロジェクト憲章やワーク・パッケージの見積りにおける当初の前提条件をチェックします。プロジェクトに関する知識が増えたことで、過剰に悲観的な前提条件を減らすことができるかもしれません。

## ▶ プロジェクトへの増員

スケジュールを短縮するため、プロジェクトのバランスをとるうえでわかりやすい方法です。プロジェクトチームに人を加えることで、同時にできるタスクの数を増やす、あるいは、各タスクに取り組む人材の数を増やすことができます。

## ▶ 社内の専門家の活用による生産性の向上

社内の専門家に期待できるのは自らの生産性の向上だけでなく、周りの人材の生産性も高めることです。彼ら彼女らを活かすには、WBS、ネットワーク図、ワーク・パッケージのアクティビティ所要期間見積りを使い、参加プレイヤーが最も恩恵を受けるタスクを特定することです。大きな恩恵を得られる可能性のある指標には、「コスト」「スケジュール」「品質」の３つがあります。

## ▶ 社外の専門家の活用による生産性の向上

外部から優秀な人材を集め、WBS により職能に合わせて仕事を割り当て、チームの一員としての参加を促します。外部の専門家に期待するのは、プロジェクトをより早く進めることができる専門スキルです。そして、チーム会議や製品開発の議論に参加してもらうことで、チームや内部の専門家と同様に、プロジェクトに一体となって取り組んでもらう

ことです。

## ✛ プロジェクト全体や一部の外部委託

外部委託は、社内にはない専門的なスキルを必要とするプロジェクトの場合に特に有効です。ただし、外部委託はリスクとリターンを考慮することが前提になります。成功のカギは、適切なベンダーを選定し、作業開始前に明確な契約を結ぶことです。それには、責任の所在、作業の内訳、ネットワーク図、ガント・チャートなどのツールを使って合意形成するようにします。

## ✛ 残業の検討

プロジェクトの労働力を増やす最も簡単で有効な方法は、既にプロジェクトに参加している人たちの1日の労働時間を増やすことです。

ただ、どの程度の残業が効果的かは議論の余地はありますが、確かなこととして、残業は、通常の期待されるパフォーマンスを超えたものとしてプロジェクトチームに認識されます。残業をメンバーに要求するにしても、メンバーが自発的に申し出るにしても、プロジェクトマネージャーは、その残業がプロジェクトや個々のチームメンバーにどのようなメリットをもたらすかを明確に示さなければなりません。最も良いルールは、常時、残業は控え目にして、大きな見返りがある場合にのみ臨時で残業を適用することです。

## ✛ 製品の性能の見直し

製品のスコープの特徴は、「機能」と「性能」の2つです。機能とはその製品が何をするものかということであり、性能とはその機能がどの程度有効であるのかということです。製品の性能を下げることも、プロジェクトのバランスをとる方法の1つです。テストや品質管理の作業を削減し、他の作業をより早く、より徹底的に行うことで、時間とコスト

を削減することができます。

　しかしながら、性能を下げるよりも、機能を減らし、製品スコープを縮小するほうがより合理的である場合が多いといえます。

### ⁝▶ スケジュールの短縮

　スケジュールの短縮には、プロジェクト全体のスケジュールを決定している作業の連なりであるクリティカル・パス上の工程に追加の資源（人員、資金）を投入して、予定より短い期間で完了させる方法があります。これは「**クラッシング**」と呼ばれるプロジェクトの工期を短縮する手法の1つであり、工期の遅れを挽回するために用いられます。

## ビジネスケース視点からのバランス

　目標に関する決定は、プロジェクトマネージャーやチームだけの権限ではなく、この再評価にはすべてのステークホルダーの承認が必要です。

　ここでは、プロジェクトのビジネスケースを再評価するための方法を紹介します。

### ⁝▶ 製品スコープの縮小

　プロジェクトの目標達成に時間やコストがかかりすぎる場合は、目標を製品スコープの縮小に移します。この代替案の結果、最終製品の機能が低下することになります。

　例えば、航空機の重量を減らしたり、ソフトウェア製品の機能を減らしたり、建物の使用敷地面積を減らすなどです。

　●製品スコープとプロジェクト・スコープの違い
製品スコープは製品の機能や性能を表し、プロジェクト・スコープは

製品スコープを実現するために必要なすべての作業を表します。

　製品の価値を下げずにスコープを縮小するには、ビジネスケースに示された真の要求を再検討することが重要です。

　要求を再検討し、製品スコープを縮小しても、予算やスケジュールがオーバーしてしまう場合は、顧客の製品の使用方法に焦点を当てます。まずは要求に優先順位を付け、各要求のコストとベネフィットのトレードオフを分析することから始めます。特に、利益をもたらさない割に高価な要求を特定します。

## ✂ ファスト・トラッキングの検討

　ファスト・トラッキング（スケジュールを短縮するために、先行するアクティビティが完了する前に次のアクティビティを開始すること）では、順番に行われるべき作業を重ねて行います。この手法の最も良い例として、設計が完了する前に建物の建設を開始することがあります。設計が完了する前に、クローゼットや出入り口など間取りや内装の詳細が決定するのを必ずしも待つ必要はありません。

　ファスト・トラッキングの最大のポイントは、従来は順番に行われていたタスクを並行して行うことです。しかし、その並行作業がリスクとなることに注意が必要です。ファスト・トラッキングの前提は、前工程タスク、後工程タスクで行う作業が明確で、かつ、前工程タスクで重大な変更や修正が発生しないことです。これらの前提が成り立つためには、製品全体のレイアウトを先に決めて、各部品を順次設計するトップダウン設計方式が採られていなければなりません。

### ● 要求の優先順位を決める反復的な開発手法

　アジャイル手法は、利用可能なタイムボックス（1スプリントの期間のこと）に合わせてプロジェクトのスコープを調整します。顧客やスポンサーが、製品の部分的な導入によって価値を得られるのであれば、アジャ

イル手法は有効です。

　ソフトウェア開発では、設計フェーズと構築フェーズの重複が一般的になっています。さらに、フェーズを重ねるだけでなく、各フェーズ中に反復型、漸進型の開発手法を取り込むこともあります。この適応型アプローチこそがアジャイル手法であり、段階的開発を行うことでリスクの低減に寄与します。これらはファスト・トラッキングとはいえませんが、要求の優先順位を決め、スコープの修正を図ることができます。

### ❖ 段階的な製品導入

　プロジェクトが期限までに完全な製品を導入できない状況でも、有用な製品を部分的に導入できる可能性があります。複数のサブシステムで構成される情報システムプロジェクトでは、サブシステムを段階的に実装、リリースし、全体システムの導入を目指します。新しいオフィスビルでは、あるフロアにテナントが入居していても、他のフロアでは工事が行われていることがあります。ビル全体の完成を待つのではなく、フロアが完成するごとに段階的にオープンしていきます。

　構成要素が独立している製品やサービスは、段階的に導入することができます。製品をどのように段階的に導入するかを決定するためには、製品の中核となる機能を探し、それを最初に実装します。同じ基準で、2番目、3番目に必要なコンポーネントを見つけます。複数のコンポーネントの実装の優先順位は、ビジネス要求に応じます。

### ❖ 繰り返すことによる迅速で正確な製品開発の実現

　緊急の製品開発が求められているのであれば、最初に短期的なソリューションを作り、その後、繰り返すことで正しい製品を正しい方法で作り、導入することができます。これは繰り返しの導入であるため、二度手間のコストはかかりますが、継続的に改善された製品を順次導入することで、コスト削減や利益増加で補うことができます。いち早く市

場に投入された製品は、市場シェアを獲得するだけでなく、次の製品を開発するための収益源として企業を存続させる期待があるからです。

### ⧓ 利益要求の変更

　競争力のある価格にするためにプロジェクトのコストを下げる必要があれば、利益率が下がります。設備投資の少ないソフトウェア開発などでは最大のコストは人件費になるため、コスト低減はまず、プロジェクトの従業員に課せられる時間給を減らす方法が採られることがあります。

　利益率を下げる判断は、会社の経営層が行う戦略的な意思決定です。これは、会社が困難な市場で競争力を維持しなければならないときにとりうる選択肢です。つまり、利益率が下がることを見越してプロジェクトを進めるかどうかは、企業レベルの意思決定ということです。

# 企業視点からのバランス

　企業視点からのバランスでは、主に、機器・人員・予算の不足という制約に直面します。限られた資源の中で、どのプロジェクトを推進するかを決定するためには、個々のプロジェクトの資源、コスト、スケジュールを正確に見積もる必要があります。

　企業視点からのバランスは、プロジェクト・レベルやビジネスケース・レベルで適用された選択肢や代替案の応用です。以下は、その例です。

- アウトソーシングは、外部の会社に支払うだけの資金があれば、同じ人数でより多くのプロジェクトを進めることができる
- 製品を段階的に提供することで、より多くのプロジェクトを同時に進めることができる。すべての機能を完成させてから製品を提供するの

ではなく、機能を分けて、継続的に製品に小さな増分を重ねて提供する

- 複数のプロジェクトで製品のスコープを縮小するには、1 つの製品の機能間だけではなく、プロジェクト間のコストとベネフィットのトレードオフ分析が必要

- プロジェクトマネジメント情報システム（チームメンバーやステークホルダーが情報共有するためのシステム）を使用すれば、プロジェクト全体の生産性を向上させることができる。適切なツールを使えば、生産性を飛躍的に向上させることができ、同じ人数でより多くのプロジェクトを進めることができるかもしれない

第12章 ▪ 資源

第 **4** 部

# プロジェクトの実行と
# コントロール

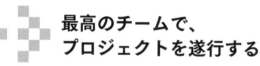

# 最高のチームで、
# プロジェクトを遂行する

　プロジェクトを立上げ、綿密な計画を立て、作業環境を整えたなら、いよいよプロジェクトを実行に移す段階です。実行中は、プロジェクトを軌道に乗せる、つまりコントロールすることに焦点が移ります。

　プロジェクトの実行とコントロールには、最高のチーム作り、問題の発見と解決、進捗状況の測定、目標と期待値の継続的な合意を確保することなどがあります。これらの活動のカギとなるのは、適切な人が、適切なタイミングで、適切な情報を得られるようにするコミュニケーションです。すべてのステークホルダー間でしっかりとしたコミュニケーションがとれていれば、プロジェクトがコントロール不能に陥ることなく、秩序ある形で進展していきます。

## 取り扱うテーマ

第 **13** 章

# チーム

### 最高のチームを作る

　プロジェクトマネジメントの方法論には、「プロジェクトチームの人々が調和して計画を立て、リスクを管理し、タスクを遂行し、明確に示されたプロジェクトの目標を達成するためにコミットする」という暗黙の前提があります。しかし、現実はそうなるとは限りません。

　綿密な計画のうえで、頻繁に会議を開催しているのに、チームワークがいまひとつという場合もあるでしょう。また、意見の対立や非生産的な会議の結果、プロジェクトが遅延し、停滞感からチームのフラストレーションが高まる場合もあります。それが、プロジェクト期間中だけの一時的なプロジェクトチームとなると、チームメンバーがプロジェクトの成功にコミットすることは極めて困難です。チームの献身や協力なしには、プロジェクトを成功させることができないからです。

　最高のチームとは、多くの問題を解決するために、積極的なチーム文化を持ち、協調的な問題解決能力を持ちます。個人が単独で仕事をするよりも、チームとして仕事をすることで、より多くの成果を上げることが可能になります。

　そして、リーダーは、チームの行動に関する基本的なルールを設定し、聞き上手になり、会議をうまく運営し、チーム・アイデンティティを構築することで、チームが日常的に交流する積極的な文化を創り出すことを支援します。

# チーム作りはリーダーの責務

すべてのプロジェクトチームは、リーダーが意識的に関与して、まとまりのある有能な集団に作り上げることが理想です。しかしながら、プロジェクトマネージャーがメンバーを選ぶことができる場合もあれば、そうでない場合もあります。条件がどうあれ、メンバーのパフォーマンスを向上させ、期待どおりに、さらにはそれ以上の力を発揮できるようにするのがプロジェクトマネージャーの責任です。チームビルディングは、プロジェクトの定義や計画と同様に、プロジェクト成功のカギを握ります。

## ▶ チームの結束力

プロジェクトでは、チーム全員の結束力が高いことが理想ですが、必ずしもすべての人が協力し合わなくても仕事を進めることはできます。例えば、大規模な会議を開催するために何百人もの人々が集まる場所と時間を調整して発表者によるプレゼンテーションが行われるような場合、発表者と参加者は会議の前・中・後のいずれの時点においても交流することがないのが普通です。

プロジェクトチームの場合でも定例会議で情報共有はしますが、各メンバーは他のチームメンバーから独立して自分の責任を果たすことはできます。

こうした場合、目標と制約を知り、進捗状況を把握し、活動を調整する必要はありますが、結束力に重点が置かれないことはあります。ただし、メンバーそれぞれの仕事がどう依存し合っているかを理解しておくことはタスクをスムーズに遂行するうえでは重要です。

よって、プロジェクトリーダーとしては、メンバーの相互依存性を把握することで、チームの結束力を高めるためにどの程度の時間と労力を

かけるべきかを判断します。

## ❖ 最高のチームになるための2つの課題

最高のチームがもたらす生産性や共有できる喜びは、プロジェクトを成功させるうえでは重要な要素ですが、最高のチームを作るには大きく次の2つの課題があります。

- プロジェクトチームは複雑な問題を解決するために結成され、その問題を一緒に解決しなければならない
- プロジェクトチームは一時的なものだが、限られた時間の中で、一緒に働くことを学ばなければならない

効率的・効果的な意思決定を行うために協力することを学んだチームは、プロジェクトを通じてますます絆が深まり、一層の生産性向上が期待できるようになります。

## ❖ 問題を解決するための一連の作業の共有

プロジェクトを、解決すべき一連の問題として捉えるのは意外かもしれませんが、大小のプロジェクトで見られる典型的な活動を考えてみてください。

- プロジェクトの目標と成功基準の決定
- コスト、スケジュール、スコープのトレードオフの実施
- 製品の設計、あるいは製品の構成要素の設計
- 節目のお祝いのイベントの時間と場所の設定

それぞれのタスクには、グループで結論を出すことが求められます。その判断は、簡単なものもあれば、難しいものもあるでしょう。しかし、

「一緒に解決すべき問題は何か」と考えると、プロジェクトには解決すべき問題がたくさんあることがわかります。エンジニア、弁護士、経営者など、体を使って仕事をするのではなく、考えることを生業とする、いわゆるナレッジ・ワーカーにとっては、この課題はさらに大きなものとなります。

　問題解決の仕方は人それぞれです。直線的に考える人もいれば、直感的に考える人もいます。細部にこだわる人もいれば、全体像にこだわる人もいます。また、問題やソリューションを大声で議論しながら意見をまとめていくのが得意な人もいれば、情報を十分に吟味してからでないと言葉を発しない人もいます。こうしたチームメンバーの個性をよく認識したうえで、プロジェクトリーダーが取り組むべきは、多様性のあるチームの問題解決力を活用することです。

　問題解決を通して得られる成功は、真の意味で、相乗効果を生み出すチームの構築に役立ちます。その結果、多様な才能とスタイルを持つチームによる、優れた意思決定や製品を生み出すことができるようになるのです。

## ❖ 個人の集まりからまとまりのあるチームへ

　新しく組織されるプロジェクトチームの場合、それまで一緒に仕事をしたことのない人たちで構成されることも珍しくありません。お互いのことをよく知らないチームでは、信頼感の醸成、心からの敬意、効果的なコミュニケーションのとり方、そして意見の相違があっても良好な関係を維持する能力を身につけるには時間がかかります。

　そのため重要となるのは、プロジェクトチームのリーダーが意識的に、メンバーをゆるやかな個人の集まりからまとまりのあるチームにすることです。

# 最高のチームの構成要素

　プロジェクトマネジメントのプロの養成機関の代表を務めるエリック・ヴェルズ氏によれば、経験豊富で有能な人材で構成されたチームには積極的なチーム文化があり、「グラウンドルール」「チーム・アイデンティティ」「リスニング・スキル」「会議体の管理」に支えられ、高い生産性を発揮するとしています。また、課題対応の際、「継続学習」「コンフリクト・マネジメント」「意思決定方法」「問題分析」において協働的な問題解決能力を駆使し、課題解決を図るとしています（図表13-1）。

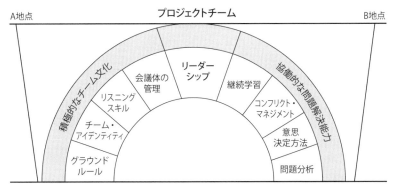

図表13-1 最高のチームの構成要素

出所：Eric Verzuh, *The Fast Forward MBA in Project Management*（2021）,
"Building a High-Performance Project Team"の図をもとに作成

## Column
## リーダーシップの責任

　プロジェクトマネージャーがコアチームのパフォーマンスにどのような影響を与えるかという観点から、最高のチームの要であるリーダーシップの責任に焦点を当てます。最高のチームに貢献するリーダーの行動は、次の4つを基本にします。

・チームの健康状態に気を配る

・説明責任を要求する

・模範となってチームを鼓舞する

・リーダーシップ全般

## ● チームの健康状態に気を配る

プロジェクト全体を通して、チームメンバーに継続的に注意を払うことが重要です。良くも悪くも、チームメンバーは感情、エゴ、仕事以外の興味、プロジェクト以外のキャリアゴールを持った人間です。チームメンバーそれぞれのモチベーション、プロジェクトのリーダーシップに対する信頼、そして敬意を持って接するかどうかによって、各個人のパフォーマンスは変わってきます。

そうしたメンバーのモチベーションを高める基本は、努力と成果を認めてあげることです。それにはプロジェクトマネージャー自身に求める以上の敬意を持ってメンバーに接することです。チームメンバー一人ひとりに対する関心の高さが、プロジェクトの成否のカギを握るのは言うまでもないことです。

また、プロジェクトマネージャーが非常識な要求を課してメンバーに多大な負荷を与えないようにすることはもちろんですが、メンバー自身がキャパシティを超えるような働き方をしないように常に注意を向けることも大変重要です。

## ● 説明責任を要求する

プロジェクトの成功は、実行力次第ということがあります。実行プロセスでは、リーダーは約束を守り、責任を果たすことで方向性を示し、チームメンバー全員に同じことを期待します。チームメンバーに責任を持たせるためには、作業の進捗状況や、仮に予定期日までに成果未達になりそうなら早めに説明を求めることが大切で

す。期日どおりにタスクを実行しているメンバーの努力と貢献が、
成果未達のメンバーによって打ち消されることのないようにするこ
とがメンバーのチームに対する義務であり、個々のメンバーのタス
ク管理を適宜行うのがリーダーの責務です。

### ● 模範となってチームを鼓舞する

　リーダーの行動は、チームの雰囲気に現れるものです。チームの
エネルギー、態度、コミットメントはリーダーの振る舞いによって
決まると言っても過言ではないでしょう。

　チームメンバーは皆、リーダーのことを見ていることを意識して、
インスピレーションを与えるリーダーとしての役割を果たすことに
注力します。

### ● リーダーシップ全般

　リーダーシップは、最高のチームの構成要素の要となるものです。
リーダーシップがなければ、他の構成要素も十分に機能しません。

「積極的なチーム文化」「協働的な問題解決能力」「リーダーシップ」は、
最高のチームの3つの主要な構成要素です。以下から、このことを詳し
く見ていくことにします。

# 積極的なチーム文化

　積極的なチーム文化は、チームメンバー間の信頼と互いの敬意を促し、
より生産的な習慣によってパフォーマンスを向上させます。そうした文
化の醸成の基となるのが次の4点です。

- グラウンドルール
- チーム・アイデンティティ
- リスニング・スキル
- 会議体の管理

　この４つの要素に分けて考えると、積極的なチーム文化とは抽象的な感覚や雰囲気ではなく、プロジェクトマネージャーが植え付けることのできる行動やスキルセットであることがわかります。さらに、このポジティブな環境は、最高のチームの特徴として現れる次の２つを生み出します。

　1.　チーム目標の個人的所有権
　チームメンバーは、自分の成功をチームの目標に照らし合わせます。チームの成功が個人や仕事上の誇りとなれば、強いモチベーションとコミットメントを手に入れたことになります。
　2.　信頼と敬意に基づいた強い対人関係
　プロジェクトの仲間意識は、目標を達成するという行為よりもはるかに満足度の高いものです。信頼は信頼を生み、敬意は敬意を生みます。信頼と敬意は、相互に依存して仕事をする人々にとって必要不可欠なものです。

　それでは以下から、「グラウンドルール」「チーム・アイデンティティ」「リスニング・スキル」「会議体の管理」の４つを順に説明していきます。

## ❖ グラウンドルール

　積極的な文化の構築は、チームが初めて集まったときから始まります。「第１章　リーダーシップ」でも説明したように、ブルース・W・タックマンのチーム発展段階のモデル（「形成期」「混乱期」「統一期」「機能

期」「散会期」の5つの発展段階）によれば、チームは最初から「機能期」
ではなく、段階的に進化します（27ページ参照）。タックマンが指摘した
ように、形成期では、チームはリーダーに具体的な指示を求めています。
リーダーはその求めに応え、グラウンドルールを設定することでチーム
の文化を確立していきます。

　グラウンドルールとは、チームの意義、合意しておくこと、運用指針
を記録した文書であり、プロジェクトのチームメンバーが事前に共有す
べき行動指針になるものです。グラウンドルールの例として挙げられる
チーム憲章には以下のような項目があります。

- チームの価値観
- コミュニケーションのガイドライン
- 意思決定の基準とプロセス
- コンフリクトの解決プロセス
- 会議のガイドライン
- チームの合意

　グラウンドルールは基本的に「チーム規範」と「行動規範」の2つの
カテゴリーに分けられます。
　**チーム規範**：チームの価値観を支える行動や態度を明らかにすること
　**行動規範**：会議の場などで期待される行動を明らかにすること

## ❖ チーム・アイデンティティ
　臨時に組織されたチームに共通する課題、それは共通の目標に向かっ
て各メンバーが責任を持ってコミットすることです。このコミットメン
トを生み出すための大部分は、以下に示すチームのアイデンティティを
構築するための5つの要素によって占められます。これらの要素がうま

く機能することにより、積極的なチーム文化が生み出されていきます。

●プロジェクトの目的とスコープを伝える

プロジェクト憲章には、プロジェクトの目的とスコープが記載されます。そして、WBSを用いて、プロジェクトのスコープを詳細に説明します。これらの情報をプロジェクトチームと共有し、このプロジェクトがなぜ存在するのか、どこに向かっているのか、理解を促します。

プロジェクト憲章やプロジェクト計画の作成過程でチームメンバーを集め、プロジェクトの定義や計画策定に参加してもらうことで、チームメンバーの目標や計画に対するオーナーシップの意識が高まります。

●プロジェクトの目的を繰り返し意識させる

最初のチーム会議でプロジェクトの目的を伝えることで、参加者全員がチームの存在意義とビジョンを共有します。目的を繰り返し意識させるために、プロジェクトリーダーは次に示すような簡単なアクションを行うようにします。

- 毎回の会議のアジェンダの一番上に目的を書く。必ずしも言及する必要はないが、会議のたびに目にすることで認識が深まる
- 新しく参加するチームメンバーやステークホルダーにプロジェクトを紹介する際には、プロジェクトの目的から説明を始める
- 意思決定の際には、プロジェクトの目的を確認する。目的を達成するための目標がすべてのチーム活動にどのように関連しているかをチームに示す

●プロジェクトの組織的整合性を確立する

組織内でのプロジェクトの状況を説明します。プロジェクトと他のプロジェクトとの関係、プロジェクトが戦略目標に与える影響、プロジェ

クト間の資源割り当てに関する優先順位付けなど。プロジェクトマネージャーは、自分の担当プロジェクトを重要視しがちですが、全体像の中でどのように位置づけられるかを現実的に考える必要があります。プロジェクト憲章やビジネスケースには、当該プロジェクトの組織への貢献度についての情報が含まれています。また、スポンサーも情報源となるでしょう。

　プロジェクトの組織調整は複雑であったり、抽象的であったりします。プロジェクト目標と同様に、チームが真に理解するためには、時間をかけて繰り返し説明する必要があるかもしれません。プロジェクトマネージャーからの説明に加えて、他のステークホルダーにもプロジェクト会議で、プロジェクトが業務にどのような影響を与えるかを説明してもらうとよいでしょう。

### ● プロジェクトに対して経営陣が支持を表明する

　企業などにおいてプロジェクト全体に責任を有するプロジェクト・スポンサーの仕事は、プロジェクトマネージャーとプロジェクトチームを擁護することです。プロジェクト・スポンサーは役員や上級管理者が担うことが多く、プロジェクトマネージャーの上位ポジションになります。

　一時的なプロジェクトチームが組織内で活動する際に発生する課題を克服するためには、プロジェクト・スポンサーの力と権威が必要です。また、チームメンバーは、プロジェクト目標の達成に向けて、チームが組織にとって重要な任務を帯びていると確信する場面も必要です。

　プロジェクト・スポンサーや関係する経営陣は、チーム活動に参加する機会を通じて、目に見える形で、チームへの積極的な支持を表明します。プロジェクト・スポンサーがプロジェクトに関心を示すことで、プロジェクトチーム内に熱意が生まれます。さらに、経営陣が早いうちから継続的に関与することでプロジェクトに一層、貢献しようとの思いを強く持つようになります。

プロジェクト・スポンサーの活動の例をいくつか紹介します。

- キックオフ会議に参加し、プロジェクトの目的と重要性を説明する
- プロジェクト全体を通して定期的に会議に参加する。特に、大きな成果を上げた後にはチームを鼓舞するために、チームの会議に継続して参加する
- チームメンバーとの会話や、職場に顔を出すなど、チームの実績や貢献を評価する

● 強みと多様性を理解したうえでチームを構築する

プロジェクトチームは、共通の目標を共有することで、全員がお互いを尊重し、協力し合うようになります。そして、一人ひとりがチームに対する説明責任を果たすことで、より大きな成功を収めることができると認識するようになります。こうした良好な関係が醸成できているチームほど、いくつかの要素によって特徴づけられます。

**チームメンバーの強みと貢献度の認知**：技術的な専門知識、顧客に関する知識、ビジネスに関する知識など、メンバーそれぞれに特性があるとの認識があるからこそ、お互いの信頼性を高めることができる。

**多様性の理解**：内向的と外向的、細部にこだわる人と大局的に考える人、タスクを重視する人と人を重視する人など、多様なスタイルを理解し、それぞれが持つメリットと潜在的なリスクを把握している。

**約束と誠実さ**：チームメンバーが約束を守り、誠実であり、各人がパフォーマンスを発揮してくれることを信じている。

**敬意と思いやり**：お互いを同僚としてだけでなく、ひとりの人間として見ている。感謝や敬意、配慮・思いやりなどを目に見える形に表す。

## ❖ リスニング・スキル

　共通の課題のもとにチームが結成され、創造性と忍耐力をもって課題を克服するとき、そこには強いコミュニケーション・スキルが働いています。問題解決が求められる環境において、聞くこと以上に重要なコミュニケーション・スキルはありません。なぜなら、聞くことは相手を受容することであり、聞くことは信頼関係の基礎であり、敬意を示す基本動作でもあるからです。

### ● 傾聴スキルをチーム内に浸透させる

　リスニング・スキルとしての傾聴は、相手を理解するうえで特に重視されるべきコミュニケーション・スキルです。グループで問題を解決する仕事では、チームメンバー全員に傾聴スキルがあることがとても重要です。そして、このスキルをメンバーに指導することもプロジェクトリーダーの仕事です。チーム全体に傾聴スキルが浸透すれば、積極的なチーム文化を築くという目標に貢献することができます。

### ● 傾聴スキルを高めるコツ

１対１の対話や会議などで相手の話を聞くときには、以下の６つのポイントに留意します。

① 話し手が聞きやすい環境を整え、対話が注意散漫にならないように配慮する。

② うなずく、目を合わせる、体を前に傾けるなど、非言語的な合図で話者の話に集中していることを示す。

③ 相手の話をより良く理解するために、相手の発言をリフレインしたり、要約したりしてフィードバックする。

④ 関連するフォローアップや、相手の話に合わせて質問は明確にする。

⑤ 出したアイデアの背景にある事実やデータを聞く。

⑥ 話し手の発言の是非を判断するのは一旦保留し、まず相手の主張を理解する。そのうえで質問や指摘があれば、中立的な立場で対応する。

1人の意見を理解するために、複数の参加者が要約したり、明確な質問をしたりするなど、積極的傾聴の技法を使わなければならないこともあります。だからこそ、チーム全体が積極的傾聴のスキルを身につけることが重要なのです。

### ❖ 会議体の管理

会議では、情報の収集と伝達、活動の調整、新たな問題の発見、タスクの割り当て、意思決定などを行います。また、会議は、共通の目標に向かって前進するために、チームのアイデンティティを強化します。生産性の高い会議は、最高のチームの特徴をすべて発揮し、チームメンバーが個々に活動する以上の成果を生み出します。

ここでは、効果的な会議を行うための一般的なガイドラインを紹介します。

#### ● 効果的な会議のガイドライン

ここで紹介する会議のガイドラインは、会議をより効率的で生産的なものにするための仕組みを提供するものです。このガイドラインで想定している対象人数は、2人から20人までです。

[会議前の準備]

① 会議の目的、開始・終了予定時刻、場所などを明記した案内を送る。また、誰が参加するのかを事前に知らせておく。

② 会議の目的と議論される主要な事案を記載したアジェンダを送付する。すべての事案に時間枠と発案者を割り当てておく。議論の

目的がわかるように、各トピックにはできるだけ具体的な目標を
設定する。

［会議中］

① 時間どおりにスタートする。

② 想定されるプロセスを確認する。必要に応じて、基本的なルール
を設定し、意思決定の方法（コンセンサス、投票、委任、独裁的
意思決定など）を決定する。

③ 決定事項や決定に至るまでの重要なポイントを議事録にとる。議
事録は、会議の記録ではなく、決定事項とその根拠をまとめたもの。

④ アジェンダを使って会議を進行する。割り当てられた時間内に解
決するには大きすぎる事案だと思われる場合、特にグループ全体
での解決が必要でない場合は、アクションアイテム（行うべきタス
クのこと）を作成して、その会議以外の時間を充てて処理する。

⑤ 事案が解決した場合はコメントをまとめ、決定事項とする。

⑥ 議論を観察し、発言をコントロールすることに配慮する。コンセ
ンサスを得るためには、会議のリーダーやファシリテーターが公
正な参加を促す必要がある。

［会議の終了前］

① 決定事項やアクションアイテムを確認し、会議を総括する。

② 次回の会議の日程を伝える。

③ 各会議の最後に、会議プロセスの評価を簡単に行う。

④ 時間どおりに終了するか、参加者の許可を得て終了する。

［会議終了後］

・会議の議事録を送る。議事録の発行が早ければ早いほど、参加者が
それを読んで反応してくれる可能性が高くなる。

第13章 ■ チーム

# 協働的な問題解決能力

協働的な問題解決能力を高めるためのポイントが、次の4つです。

- 問題分析
- 意思決定方法
- コンフリクト・マネジメント
- 継続的学習

## 問題分析

チームで問題を分析することのリスクを最小限に抑え、メリットを最大限に活かすためには、問題解決のプロセスを理解し、問題分析の手法をよく理解しておくことです。

問題分析の一般的な手順は次のとおりです。

[問題分析のステップ]
- ① 問題の特定
- ② 問題の根本原因の発見
- ③ ソリューション要求の設定
- ④ 問題に対する可能な代替案の発見
- ⑤ 代替案の選択
- ⑥ 選択した代替案のリスク分析と費用対効果分析
- ⑦ 意思決定とアクションプランの作成

## 意思決定方法

グループ内での意思決定は、「多数決で決める」「専門家やサブグループに決定を委ねる」「リーダーが議論の末に決定する」などの方法によ

り合意に導きます。場合によっては、グループ内で諮らずに、リーダーが最善の決断を独断で下すこともあります。

　問題解決の際、チームメンバーは、どのような問題に対し、どのような意思決定方法で臨むか、どう対処するか、その理由を知っていると、より協調して問題解決に力を発揮します。そのため、リーダーは、意思決定方法を理解しておく必要があります。主な意思決定の方法を以下に示します。

　**コンセンサス**：チーム全体が、問題の理解や代替案の作成など、一緒に意思決定に参加すること。コンセンサスが正しく行われると、チーム全体のアイデアを使ってソリューションが構築される。

　**投票**：選択肢が十分に理解されていることを前提とし、民主的に多数決で決定する。

　**委任**：チームの1人または数人が、意思決定に必要な情報や専門知識を有していることが前提に決定権を委ねる方法。

　**独裁的意思決定**：プロジェクトマネージャーが権限により決定を下す。

　●チームの成熟度を反映した意思決定方法

　チームの意思決定方法は、プロジェクトマネージャーのリーダーシップ・スタイルを反映しており、それはチームの発展段階にも影響されます。例えば、複雑な問題を解決するためにコンセンサスを得ることは、プロジェクト初期のチームがまだ「形成期」にあるときには難しいかもしれません。「混乱期」の段階では、チームは参加型の意思決定スタイルを採用していないリーダーに挑戦的な態度をとるメンバーがいるかもしれません。

　このように、プロジェクトの発展段階によってはリーダーシップ・スタイルを変える必要が生じるかもしれず、プロジェクトリーダーは、問題ごとにどの意思決定方法を採るかの判断も必要になることがありま

す。

## ⁘ コンフリクト・マネジメント

　グループで問題を解決する際、メンバー間でのコンフリクトの発生は想定内の出来事です。そのため、プロジェクトリーダーはコンフリクト・マネジメントのスキルも必須です。

　問題解決に際して、コンフリクトを恐れずに意見を出し合うチームが最高のチームです。メンバー各人が問題に焦点を合わせて、プロジェクトを前進させるための解決策につながる意見を忌憚なく出し合うことは多様な考えをチーム内で共有できることで真の学習につながり、大きなブレークスルーをもたらすことにもなりえます。

　コンフリクトが存在する場合の意思決定には、2つのリスクがあります。1つが、コンフリクトが問題解決のプロセスに影響を与えた場合、誤った決定を下す可能性があることです。もう1つが、問題解決の過程で人間関係が損なわれるかもしれないことです。プロジェクトチームはコンフリクトが解消された後も協働作業が続くので、良い決定を下すことと関係を維持することの両方が不可欠です。

　コンフリクトへの対応としてよくとられるのが、「撤退／回避」「沈静／適応」「妥協」「強制」です。いずれも非生産的なアプローチですが、チーム内が危機的状態に紛糾するようであれば、これらも選択肢として活用せざるをえないこともあります。その際、これがなぜ非生産的なのかを理解しておくことがとても重要になります。

　**撤退／回避**：問題そのものと関与する人の両方を回避。問題が現実のものであれば、問題の先送りとなり、スケジュール上のプレッシャーが状況を悪化させ、さらに緊張感を高める。
　**沈静／適応**：コンフリクトによる意見の相違を解決するよりも、人間関係を優先。短期的な解決策にすぎない。

**妥協**：一時的または部分的にコンフリクトを解決。関与者すべてを尊重することになるが、納得感は得られない。

**強制**：強制された側の決定へのコミットメントは非常に低いものとなる。

## ▶ 継続的学習

継続的学習とは、プロジェクトを通じてチームが学習し、改善する必要性を認識することです。コラボレーション能力の重要な要素には、プロジェクトを通して継続的学習を促進する文化と習慣の両方が含まれています。

### ● 継続的に学ぶ文化の創造

継続的に学ぶ文化をチーム内に醸成するには、自分の意見が自由に出せて、それが誰からも罰せられることのない「心理的安全性」が保証されていることが必要です。こうした環境を作るために、プロジェクトリーダーは次のようなことに留意しなければなりません。

- 失敗したときに寛容か
- 新しいアイデアや珍しいアイデアを否定せずに、まず受け入れることができているか
- 反対意見を理解するために、自身の認識を見直すことができるか
- 効果のない習慣であれば意識的に変えているか

こうした日々の行動が、継続的に学ぼうとするチーム文化を創っていくのです。

### ● 継続的に学ぶ習慣

継続的な学習に最も貢献する習慣は、

- グラウンドルールを設定する
- 日常的に自己評価する
- 本音で話し合うために積極的傾聴や意思決定のガイドラインに従う

などです。しかし、これらのことをすべて行っても、チームはその潜在能力を発揮することはできません。プロジェクトチームは日常的に自己評価を行うことで、チームが直面している問題のより深い理解を得ることができます。

グラウンドルールや自己評価は、望ましい行動を強化するためのものです。

ここで、グラウンドルールで求めることができる行動について説明します。プロジェクトを進めていく中で、定期的に教訓会議を行う際には、これらの行動の具体例を挙げられるようにしておきましょう。

●積極的に前提条件を確認し、疑問を持つ

思い込みは、無意識のうちに私たちの思考を制約することに注意します。思い込みを「客観的な証拠や具体的な情報に裏付けられていない仮定」と定義すると、事実ではなく、思い込みで思考を進めていることに気づきやすくなります。思い込みを裏付ける事実が見つからない場合はその思い込みを疑い、事実に基づいて判断するよう意識しましょう。

●適合性よりも誠実さを追求する

人によっては、調和を保つためにコンフリクトを避けることがあります。それは、悪いニュースや計画に影響を与える新しい情報が伝えられないことにつながります。もし、重要な問題が全員参加の会議場ではなく、別の場所で話し合われるなら、それは人々が不都合な真実を避けている危険な兆候です。

● 継続的に学習することを意識する

会議の終了時に、次のような質問をすることで継続的学習の習慣を浸透させましょう。

- 何を学んだか？
- 何を学ぶ必要があるか？
- 理解を深めるにはどのような情報が必要か？

● 創造性を発揮する

複雑な問題に対する最良の答えを見つけるには、問題を多角的に見て、選択肢を多角的に検討することです。それには、ブレーンストーミングなど問題の根源を明らかにするために深く掘り下げ、より多くの潜在的なソリューションを生み出すような技法を採用します。

● プロジェクトの目的、スコープ、計画を問う

目的、スコープ、計画はチームのすべての活動の基礎となるものです。これらはプロジェクトの初期に設定されるものですが、プロジェクトが進む中で、当初のビジネスケースの前提条件や事実に新たな光が当てられる可能性があります。定期的にプロジェクトの前提条件を問い直しましょう。

● スクラムのスプリント・レトロスペクティブ会議は継続的な学習習慣になる

スクラムのプラクティスには、継続的な改善を目的としたスプリント・レトロスペクティブ会議があります。スプリントは 1 週間から 4 週間で終了するため、頻繁に振り返りが行われます。これは、チームが急速に成長するための処方であり、スクラムの大きなメリットです。

●継続的学習がチームの真の創造性を発揮させる

　継続的な学習行動と価値観が機能するためには、積極的なチーム文化と協働的な問題解決の両方の構成要素がすべて揃っていなければなりません。継続的学習により、チームは問題や選択肢をこれまでのやり方から改善・進化させ、チームの真の創造性を発揮することができるようになります。

### ⁂ 協働による問題解決のまとめ

　成熟した最高のチームは、「問題分析」「意思決定方法」「コンフリクト・マネジメント」「継続的学習」の４つの要素を組み合わせて、問題を効率的かつ効果的に解決します。

　問題解決のために構造化されたアプローチを用いることで、焦点が絞られ、問題解決のための共通言語が得られます。意思決定は、チームの活動を遅滞なく推進させるために機能します。コンフリクト・マネジメントは、チームにより良いアイデアを生み出し、メンバーの関係性を維持し、個人間の意見の相違の解消に役立つ視点を与えます。継続的学習は、最良のソリューションを見出すための創造性を喚起します。

　これらのスキルが向上することで、積極的なチーム文化が根付いていきます。コミットメント、団結力、忍耐力が、創造性や継続的学習と結びついて、チームメンバー全員の強みを最大限に発揮します。チームの目標達成力も高くなり、プロジェクトそのものがエキサイティングで満足のいくものになります。


# 最高のチームとリーダーシップ


　これまで、最高のチームのあり方において、チームが生み出す生産性のメリットに焦点を当ててきました。生産性は、プロジェクトを遂行す

るための総コストを削減するため、プロジェクト主導型の組織にとって重要です。しかし、最高のチームにはもう1つの利点があります。

　それは、信頼がおけ、尊敬できる人たちと一緒に仕事をし、個人の努力の結果がチームメンバーによって倍増し、大きな課題を克服して自分たちの可能性を最大限に発揮したとき、自分たちの仕事に誇りと喜びを持つことができることです。

　プロジェクトは、「時間」「予算」「成果物」が期待どおりに達成されたとしてもその満足感は長くは続きません。日々の仕事は、ゴールを達成したときの一瞬の喜びよりも、ゴールに至るプロセスのほうがはるかに長いものです。プロジェクトリーダーがそのプロセスを通して、最高のチームの構築にエネルギーを注ぐことは自分自身だけではなく、チームメンバーにも強いモチベーションを与えることになるのです。

　このことが、チーム内に良きリーダーシップを浸透させることにもなるのです。つまり、プロジェクトマネジメントとは、単なる目標達成の技術ではなく、人材育成の取り組みでもあるのです。

第13章 ▪ チーム

# コミュニケーション

## 意識して仕組み化し、プロジェクトを確実に進める

　プロジェクトマネージャーは、多くの時間をコミュニケーションに費やします。これには、目標の設定と合意、人の調整、問題の発見と解決、期待値の管理などが含まれます。

　そのため、プロジェクトマネージャーには、コミュニケーションの仕組み化とともに、高いコミュニケーション・スキルが必要です。交渉力、傾聴力、コンフリクト・マネジメント力、文章作成力など、プロジェクトで出会う多くの人々に影響を与えるスキルです。

　目標を達成するためには、それぞれの活動を調整し、責任の所在を明確にし、「コスト」「スケジュール」「スコープ」のバランスを適切にとる必要があります。

　コミュニケーションを意識的に仕組み化することで、プロジェクトをより確実に進められるようにしていきましょう。

# コミュニケーションは必須のスキル

　コミュニケーションは、プロジェクトマネージャーにとって不可欠なスキルです。プロジェクトマネージャーに必要なコミュニケーション能力として、「書く」「話す」「聞く（聴く）」「会議をファシリテーションする」「コンフリクトを建設的に解決する」などがあります。

　そして、プロジェクトマネージャーは単なる情報伝達のパイプ役ではなく、リーダーです。ステークホルダーと対話し、期待を管理し、戦略と方向性を強化し、チームの模範となる言動を習慣にします。こうしたことを通して、集団のエネルギーを共通の目標に集中させ、効率的で協働的な行動を促します。

# コミュニケーション計画書の作成

　コミュニケーション計画書とは、適切な情報を適切な人に適切なタイミングで提供するための戦略を記した文書です。プロジェクトにおけるコミュニケーションの対象者は、プロジェクト憲章、組織図、責任分担マトリクスに記載されているステークホルダーです。しかし、どのプロジェクトにおいても、ステークホルダーの参加方法はさまざまであり、情報に対する要求もそれぞれ異なります。

### コミュニケーション計画書の対象と内容
　では、誰が情報を必要とし、どのような情報が必要なのでしょうか。

　●誰が情報を必要としているのか？
　**プロジェクト・スポンサー**：プロジェクト全体の責任の担い手。

**部門管理者**：資源の提供とプロジェクトへの支持表明という2つの基本的な責任により、必要とする情報が決まる。コミュニケーション計画書には、各部門責任者の名前や肩書きを記載する必要がある。

**顧客**：製品がどのようなものであるべきか（スコープ）、いつ必要とされるのか（スケジュール）、どれくらいの費用を要するのか（コスト）など、ビジネスケースに関する決定を行う。顧客の関与度合いはさまざまなため、個々の名前や肩書きを記載する必要がある。

**プロジェクトチーム**：プロジェクトに深く関わっているコアチームとのコミュニケーションは比較的容易だが、納入者（ベンダー、請負業者）、他部門のスタッフなど、プロジェクトチーム外のステークホルダーは克服すべきさまざまなコミュニケーションの障壁があるため、それぞれを個別に評価する必要がある。

**プロジェクトマネージャー**：多くの情報の発信者であると同時に、受信者でもある。

● どのような情報が必要か？

プロジェクトでは、コストやスケジュールの状況報告に加えて、いくつかの種類の情報が配付されます。情報の管理方法は以下のように分類されています。

**権限の付与**：プロジェクト計画、プロジェクト憲章、予算、製品仕様のすべてが承認されなければならない。合意を表す文書には、提案を見直したり修正したりする手順を含む承認プロセスが必要。誰が決定を下すのかを具体的に示す。

**ステータスの変更**：コストやスケジュールの進捗状況を示すレポートが該当。プロジェクト目標達成の壁となる課題を解決・改善するための「課題管理表」も含まれる。進捗報告書を発行するのは一般的だが、それぞれの報告書の内容は、受け取る人に合わせたものにする。

**調整**：プロジェクト計画書にはタスクと責任が記載され、グループ間

の関係を定義し、効率的に作業するために必要なその他の詳細を指定する。

## ⁑ コミュニケーション計画書で配慮すること

プロジェクトの進行中に変更が生じた場合、チーム間や拠点間の調整が日常的に必要になることがあります。そこでコミュニケーション計画書には、全員に最新情報を伝えるためのプロセスを記録する必要があります。

### ● 状況報告書は簡潔にして明瞭にする

よくある間違いは、プロジェクトの細部まですべてを状況報告書に記載してしまうことです。このような報告書は、多忙な報告の受け手に負担を強いることになります。報告書は簡潔明瞭でなければなりません。プロジェクトリーダーやプロジェクトマネージャー、上級管理者が問題解決やプロジェクトの推進に時間を使えるように、重要な情報を素早く特定して伝えます。

### ● タイムリーな情報提供と定例会議の設定

情報はタイムリー（適時）に提供されてこそ有効になります。そのためにプロジェクトマネージャーは、各ステークホルダーに「どのくらいの頻度」で「どのような情報」を提供するのかを決める必要があります。

そして、コミュニケーション計画には、進捗状況の確認のための定例会議を組み込みます。問題発見を早期に行うためでもあり、メンバー間のコミュニケーションの円滑化を図るためでもあります。

### ● コミュニケーションはどのように行うか？

インターネットやイントラネットの技術により、より多くの人が同時に情報を共有できるようになりました。また、ビデオ会議システムを使

えば、場所と時間の制約がない中で情報共有とメンバー間のコミュニケーションが図れます。また、オンラインなら文書を読まずに口頭で情報伝達ができ、問題をその場で討議することができます。

● 非公式なコミュニケーションを見逃さない

コミュニケーションを計画的に行うことは重要ですが、最良のコミュニケーションは、非公式で予期せぬ形で行われることも事実です。職場や、チームメンバーのランチの時間や場所に積極的に参加するなど非公式なコミュニケーションの機会も大切にしたいものです。

ところで、組織横断型のチームは同じ建物でも違うフロアで仕事をしていることがあり、これでは非公式なコミュニケーションに支障をきたすことになりかねません。その解決策が、コロケーションです。コロケーションとはチームを共通のオフィススペースに配置し、お互いに顔を見て話すことができるようにすることです。これは関係性の構築と迅速なコラボレーションが可能となり、信頼性、創造性、生産性の向上につながるアイデアです。

# プロジェクトチーム内でのコミュニケーション

プロジェクトの規模が大きくなればなるほど、所属する部署以外の人や、場合によっては社外の人も参加する可能性が高くなります。そうした場合のコミュニケーション計画では、4つの主要なコミュニケーション・ニーズがあることを認識します。

**責任の所在**：チームの各メンバーは、自分がプロジェクトのどの部分を担当し、実行責任を持っているのかを正確に把握したいと考えている。

調整：チームメンバー同士は依存関係にあるため、調整により、効率的な協力体制を築きたいと考えている。

現在の進捗状況：目標を達成するために進捗状況を把握して問題点を指摘し、是正措置を講じたいと考えている。

承認：チームメンバーは、プロジェクトとそのビジネス環境に関連する、顧客、スポンサー、経営陣によるすべての決定事項を知りたいと考えている。

## ⫸ タスクの割り当てを明確にする

プロジェクト計画の際に作成した WBS と構成するすべてのワーク・パッケージには、時間軸、依存関係、成果物が含まれています。作業者個人に仕事を割り当てる場合でも、ベンダーに仕事を割り当てる場合でも、以下の基本的なルールを守る必要があります。

成果物の説明：判断基準となる完成度も含めて、何を導入するのかを正確に把握してもらう。

期待される努力のレベルと期日の明確化：担当する作業がプロジェクト全体の中でどのように位置づけられるかを説明する。ネットワーク図は、時間軸、依存関係を明確に伝えるために適したツール。

情報の共有：想定される障害や必要な情報があれば、伝えておく。

質問や議論をする時間の確保：質問や議論の時間を十分にとる。質問や議論に要する会議の時間は、チームのパフォーマンスへの投資と考える。疑問や懸念点に応え、しっかりとした意見交換ができるとチームのパフォーマンスは向上する。

## ⫸ 公式な個別の会議時間を設定する

チームメンバー全員と定期的に共有する時間を計画しましょう。プロジェクトマネージャーの仕事はメンバーの生産性を高めることですが、メンバーが何に取り組んでいるのか、どんな問題に悩んでいるのかを理

解していなければ、その支援ができません。プロジェクトマネージャー
は意図的に、進捗会議においてこの種の対話の時間を責任をもって設定
しなければなりません。特別な会議の他にも適宜気軽に相談できる環境
は必要ですが、公式な場として個別に対話できることもメンバー支援に
はとても重要です。

　また、公式な会議は予定を崩さないためにもカレンダーに記入してお
きます。

## ▶ キックオフ会議の基本的な流れを把握しておく

　キックオフ会議は、プロジェクトの開始を伝える"儀式"です。以下
は、キックオフ会議の一例です。

- プロジェクト・スポンサーは会議をリードし、プロジェクトの目的や
  ビジネス全体との関連性を説明する時間を設ける。
- プロジェクト・スポンサーが紹介され、ビジネスにとってのプロジェ
  クトの重要性を説明する。
- プロジェクトマネージャーが紹介される。このとき、スポンサーは全
  員の前でプロジェクトマネージャーの支持を宣言する。
- プロジェクトチームのメンバーを紹介する。ここで納入者（ベンダー、
  請負業者）も紹介する。
- プロジェクトの記念品を配る（コーヒーカップやＴシャツ、手帳など。
  プロジェクトの終わりではなく、このタイミングで行うことで一体感
  やチームスピリットを醸成するのに役立つ）。
- キックオフを祝う（全員がお互いを知ることで、全員がプロジェクト
  への熱意を抱くようになる）。

　大規模プロジェクトでは、キックオフ会議で紹介しきれないほど多く
のチームメンバーがいます。その場合は、プロジェクト内のチームで別

途、キックオフ会議を行います。それぞれの会議に費やす時間は、チームの結束力とパフォーマンスを高めるための投資と考えます。

## ⚡ プロジェクト進捗会議を適切に運営する

　プロジェクト進捗会議は、プロジェクトマネージャーに以下の機会を与えます。

- チームの結束力を高める。
- スポンサー、顧客、経営陣など、チームの外からのプロジェクトの進展について、チームに情報を提供する。
- 潜在的な問題を特定、共通の問題に対するソリューションを共有する。
- チームがプロジェクトの進捗状況を理解し、プロジェクト計画に必要な変更を決定するために協力する。
- プロジェクトの目標を達成するために、チーム全体で責任を共有する。

　プロジェクト進捗会議は、参加型のマネジメントスタイルに基づいています。つまり、「参加することがオーナーシップにつながり、オーナーシップはより大きなコミットメントと説明責任につながる」という哲学に根ざしているということです。以下は、プロジェクト進捗会議の運営に役立つガイドラインです。

- アジェンダに加えて、会議に出席する全員が会議が始まる前に進捗報告書を用意する。進捗報告書は、進捗会議の間に報告を行う。毎週進捗会議を行っている場合、1つの報告期間は1週間。
- 次の報告期間中に、プロジェクトのタスクに従事、または従事する予定のチームメンバーを含める。
- 会議では、経営陣や顧客・スポンサーが下した決定事項を伝える。ステークホルダーからの積極的なフィードバックは必ず伝える。

- 進捗報告書を使用して、前回の進捗会議以降に開始または完了したすべてのタスクのステータスを確認する。

- チーム全員が揃っていることを利用して、何か問題があったときにどのようなアクションをとるべきかを検討する。特別なアクションが必要な場合は、必ずそれを書き留めておく。プロジェクト計画にタスクを追加するか、課題管理表にアクションを追加する。すべてのアクションには期限と責任者が必要となる。

- 会議では、大きすぎる問題や意思決定に関わるメンバーの欠員があれば、その場での問題解決はしない。問題解決に5分以上かかる場合は、アクションアイテムとして割り当てる。

- 進捗報告書で今後のタスクに対する準備状況を確認する。「適切な人材が配置されているか？」「計画どおりにタスクを実行するための既知の障害はあるか？」を確認する。

- 課題管理表とリスク登録簿を確認する。「問題やリスクは解決されているのか？」「経営陣にエスカレーションする必要があるのか？」を確認する。

チームメンバーがプロジェクトの管理に参加すると、プロジェクトの成功に責任を持つようになります。この参加により、プロジェクトマネージャーの立ち位置は指示役から支援役へと変わり、チームは個人の集まりからチームメンバーへと変わります。

また、仕事が滞っているメンバーがいれば、マネジメントからのプレッシャーよりも、仲間からのプレッシャーのほうが、その人のアウトプットを高めるのに効果的です。実践例としては、週に一度の進捗会議のリーダーを交代制にすることで、みんながプロジェクトに参加しているという意識を持つことができます。

## ⠆ 遠距離会議での情報共有の仕組み化を行う

　地理的に分散しているプロジェクトチームでは、電話会議やビデオ会議を利用すれば一堂に会することができます。

　しかし、すべての問題が提起され、全員の意見が聞き入れられていることを確認するためには、プロジェクトの進捗状況を把握できるダッシュボードやカンバン方式、情報ラジエーターの活用が必要になります。

　ダッシュボードは、複数の情報源からプロジェクトに関わるデータを集め、概要をまとめて一覧表示するものです。カンバン方式は、メンバー各人のタスクを作業前・作業中・作業完了に分けてボードなどに掲出して可視化することです。情報ラジエーターとは、チームで共有すべき重要な情報を目立つように可視化することです。

　特に、カンバン方式は、チーム全体でメンバーそれぞれのタスクを共有し、管理するうえで有効なものであり、トヨタ生産方式を応用したタスクの可視化手法です。具体的には、「（作業）未着手」「作業中」「（作業）完了」の３つの仕切りをボード上に作り、カンバン（個々人のタスク）の状態に応じて、仕切り位置に合わせてボードに貼ります。作業工程の順序に応じた仕切りを設けたカンバンもあります。

　カンバンを使うとチーム全体の進捗状況を一覧でき、また詳細まで把握できます。各カンバンの開始から完了するまでの時間を短縮することで、顧客や利用者により素早く成果物や価値を提供することができます。

　また、情報ラジエーターは、チームの作業状況やプロジェクトの関連情報を可視化するものです。プロジェクトチームの作業場の壁に掲出するものやホワイトボード、デジタルホワイトボードなどがあります。ラジエーターは自動車などのオーバーヒートを防ぐための「放熱装置」ですが、チーム作業の進捗に不具合が生じないための予防装置としてアジャイル開発では機能します。

　これらは、すべてのステークホルダーが状況を理解し、議論できるようにするための情報共有の仕組みを提供します。

## 図表14-1　ダッシュボードの例

| 電子商取引ウェブサイト制作プロジェクト | |||
|---|---|---|---|
| プロジェクト概要説明 | 自社製品販売のための法人向け電子商取引ウェブサイトを開発し、7月1日に公開する。必要な機能は本稼働後、順次リリースし、12月15日迄に全機能を完成させる。 | |||

| エグゼクティブ・スポンサー | 野口 | PM | 吉田 |
|---|---|---|---|
| 開始日 | 3月1日 | 終了日 6月30日 | 報告期間 2週間 |
| 状況 | スケジュール 予定通り | 資源 充足している | 予算 予算超過気味 |

| 主な活動 | 直近の成果 | 次回までの主要成果物 | 状況 |
|---|---|---|---|
| 商品管理機能の構築 | 商品検索機能の完了 | 商品購入機能の開発完了 | 順調 |
| インフラ構築 | データベース構築の完了 | 外部決済機能の開発および単体テスト | 順調 |
| 顧客管理機能の構築 | ログイン画面のシステム・テスト | マイページ画面のシステム・テスト | 懸念あり |

| 順調 | 完了 | 懸念あり | 課題あり | 保留 | 中止 | 未着手 |
|---|---|---|---|---|---|---|

| 現在の主なリスク：脅威と好機、軽減 | 現在の主な課題：説明 |
|---|---|
| ・早期にデータベースの構築が完了したので、商品アイテムの登録を先行して行うことができる。<br>・商品購入機能をクラウド決済機能を使うことで時間短縮ができそう。 | ・マイページ画面に関する要求変更が多い。<br>・着手すべき、利用者向けの問合せ管理機能の開発着手が遅れている。 |

ダッシュボードにより、プロジェクトの名称や概要説明、責任者、期間、状況、主な活動の進捗状況、リスクと課題の対応状況に関するデータが一覧で確認できる。

第14章 ■ コミュニケーション

219

## 図表14-2　カンバン方式の例

● 電子商取引ウェブサイトの制作におけるカンバンのタスク例

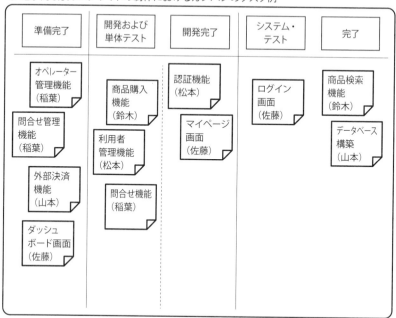

「準備完了」「開発および単体テスト」「開発完了」「システム・テスト」「完了」に仕切られた作業工程のボード上には、状態に応じてタスクとメンバーの名前が記されたカンバンが貼られる。カンバンの状態を一覧し、詳細に分析することで、各タスクの作業速度やチーム全体で取り組むタスクの作業速度の遅延状況を把握できる。

## 図表14-3 情報ラジエーターの例

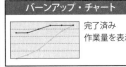

バーンダウン・チャート　　　未完了の作業量を表示

バーンアップ・チャート　　　完了済み作業量を表示

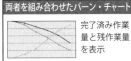

両者を組み合わせたバーン・チャート　　完了済み作業量と残作業量を表示

| 番号 | リスクの記述 | 日付 | 起こりやすさ | 影響度 | リスク評価 | 対応 | 責任者 |
|---|---|---|---|---|---|---|---|
| 1 | 主要サプライヤーは、他のビジネス契約を守るため、予定通りに納品ができない。 | 2/18 | 起こりやすい | 高 | 高 | 契約に金銭的なペナルティーを含める。スケジュールにコンティンジェンシーを組み込む。コンストラクターのパフォーマンスを看視する。 | 佐藤 |
| 2 | 専用回線を開通するためのリード・タイムが90日を超える。 | 2/18 | 起こりにくい | 中 | 中 | 余裕をもって早めに専用回線を発注する。追加のレンタル料金を負担する。 | 松丸 |
| 3 | ユーザー受入テストが計画開始日より遅れて開始されるため、新しいシステムのリリースが遅延する。 | 2/18 | 非常に起こりやすい | 高 | 高 | 有期スタッフを雇用してテストを担当させる。プロジェクト・スケジュールを修正する。 | 鈴木 |
| 4 | データの移行とテスト用のデータベース・インスタンスを追加するためのキャパシティが不足する。 | 3/26 | 非常に起こりにくい | 中 | 低 | プロジェクトに優先順位を付ける。代わりに別の開発インスタンスを一時的に削除する。 | 岡田 |

リスク・ログ

出所：『PMBOK®ガイド』第7版から引用した図を一部加工

チームの作業状況を視覚化するツールとして、バーンダウン・チャート、バーンアップ・チャートおよび両者を組み合わせたバーン・チャートを組み合わせて使用。リスクと課題の対応状況に関するデータを一覧で確認できる。

## プロジェクト終結時に必要な
## コミュニケーションと報告

　プロジェクトマネジメントで最も軽視されているのが、プロジェクトの終結です。終結に伴う報告や会計業務は、製品の開発ほど面白さを感じられるものではなく、多くのプロジェクトで完全に無視されています。これは残念なことですが、プロジェクトの終結時の活動は会社に大きな利益をもたらすものなので、時間を確保するようにします。

　プロジェクトの終結は、最終製品の完成と導入が同時の場合もあれば、製品開発フェーズの終了の場合もあります。いずれにしても、**プロジェクト終結時の成果物には「ステークホルダーによるプロジェクトの最終承認」と「学習の機会」の目的があります。**顧客・スポンサーが製品を正式に受け入れたこと、プロジェクトの収支、問題の総括をもって、プロジェクトが正式に完了します。さらに、教訓レポートの作成やプロジェクト文書の整理は、プロセス改善の機会となります。

　プロジェクトの終結を証明するのはステークホルダー（顧客、スポンサー）です。ステークホルダーが完成品の正式な受け入れ、つまりフェーズの完了を承認することは、作業が完了したことを意味します。プロジェクトマネージャーは受け入れを計画しますが、どのような形で受け入れられるのか、それを得るために必要な作業は何かをあらかじめ明確にしておきます。このことをスムーズに進めるためには、顧客・スポンサーの受け入れプロセスを作業内訳表やプロジェクト計画書に記載しておきます。

　プロジェクト終結の中には、移行作業に分類されるものもあります。これらは以下のとおりです。

- すべてのプロジェクト参加者に、プロジェクトの現在の状況と移行作

　業後の連絡先を通知すること
- プロジェクトで使われなかった製品改良のアイデアを、その製品をサポートするチームに渡すこと
- 未完了のタスクや未解決の問題があれば、最新のプロジェクト計画書で説明すること

　プロジェクト完了の最終時点では、組織と個人の今後の活動の改善を目的として、プロジェクトの参加者、すなわち「チーム」「顧客」「プロジェクト・スポンサー」「ベンダー」「経営陣」に、プロジェクトマネジメントのプロセスの有効性についてアンケートをとります。うまくいった点、うまくいかなかった点、次回の改善点、例えば、コミュニケーション、見積り、リスク管理、変更管理などをどのように改善したらよいかなどです。

　結果を文書化したら、それをステークホルダーに配付すると同時に、次のプロジェクトの開始の参考に資するためにきちんと保管しておきます。

# チェンジマネジメント

人を動かして、結果を出す

チェンジマネジメントは、現状から望ましい将来の状態へと個人やグループ、組織を移行するために繰り返し行う活動のことであり、いわゆる変革を計画的にマネジメントしていくことです。

変革はモチベーションが刺激されることで生まれることであり、そのため、プロジェクトの人に関わる部分に特に焦点を当てています。究極的には、変革の「ソフト」面をサポートするために体制や規律にチェンジマネジメントを適用すべきですが、実際には「ハード」面に適用していることが多く見受けられます。

チェンジマネジメントの定義は、「人を動かして、結果を出すこと」です。プロジェクトマネジメントとチェンジマネジメントは、プロジェクトの成功と価値の実現という目的が共通しています。

# 変革における人の側面の問題

　変革が個人の仕事に対して影響を与える側面として、「プロセス」「システム」「ツール」「役割」などがあります（図表15-1）。よって、人の側面を改めて考え直すことをせずに変革を推進しては、抵抗、遅延、離職、生産性の低下などリスクにつながりかねず、ひいてはコストにも影響します。例えば、「やり直し」「再検討」「再スコープ」「再設計」「再作業」「再教育」、場合によっては「撤退」などの追加コストが発生することにもなりかねません。しかも、プロジェクト終了間際でのチェンジマネジメントの検討は、追加コストが一層大きくなるため、早い段階での適用が望ましいといえます。

図表15-1　変革が個人の仕事に対して影響を与える10の側面

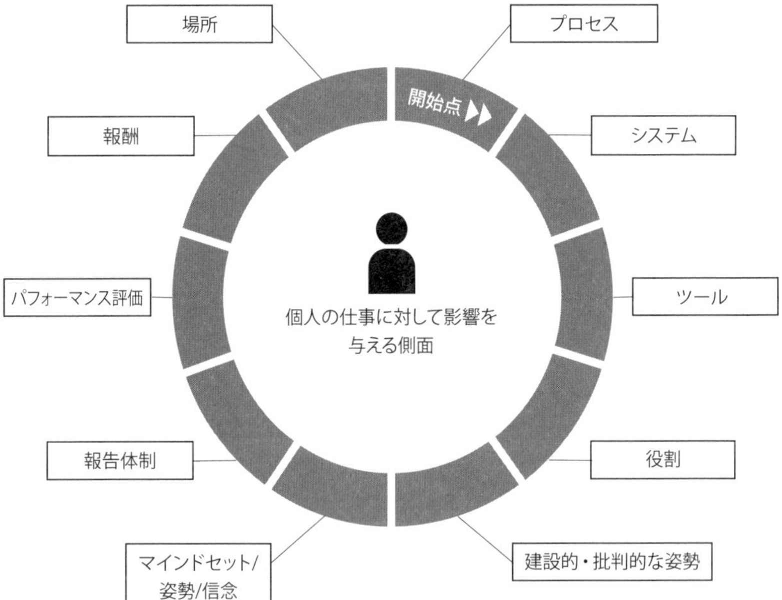

- 場所
- プロセス
- 報酬
- システム
- パフォーマンス評価
- ツール
- 報告体制
- 役割
- マインドセット/姿勢/信念
- 建設的・批判的な姿勢

開始点 ▶▶

個人の仕事に対して影響を
与える側面

実のところ、変革における人の側面は過小評価されがちですが、プロジェクトのバリューチェーンに支障をきたさないうえで最重要テーマの1つです。そのことをよく認識することが、プロジェクトマネージャーがステークホルダーの期待に応えるためにとても重要になります。

## ▶ プロジェクトマネジメントとチェンジマネジメントの違いと共通点

プロジェクトマネジメントとチェンジマネジメントは補完的な関係にありますが、次のような違いがあります。

- プロジェクトマネジメントは変革を実施する際の技術的側面に焦点を当てるが、チェンジマネジメントは変革を実施する際の人間的側面に焦点を当てる
- 完了の定義（DoD：Definition of Done）や、進捗状況の尺度が違う
- それぞれ、異なる考え方、能力、スキルセットを必要とする
- プロジェクトマネジメントは60年以上の歴史であり、チェンジマネジメントは20年以上の歴史である

こうした違いがある一方で、いくつかの重要な共通点があります

- 体系化されたアプローチである
- プロセスを重視し、ツールを多用する
- 特定の独立した事業あるいはプロジェクトに適用される
- 熟練した技術者が必要となる
- 変革を成功させ、組織レベルの改善により、組織に価値をもたらすことを目的として共有する

プロジェクトは、プロジェクトマネジメントとチェンジマネジメントの両方を適用することで成功確率が高まります。

第15章 ▪ チェンジマネジメント

## ⦂▶ 統合されたアプローチの統一された価値提案

　チェンジマネジメントとプロジェクトマネジメントが一体となって統合的に適用されたなら、その結果は統一された価値提案と呼べるものになるでしょう。ソリューションは、「設計、開発、提供」され、影響を受けた従業員に「受け入れられ、適用され、使用される」ことになります。組織の成果と価値は、この統一された価値提案によって、技術的な側面と人材の側面の両方を解決することで得られます。

　プロジェクトにチェンジマネジメントを適用して効果を高めるには、2つの視点が必要です。メンバー各人の変革の成功要因に焦点を当てた個人的なチェンジマネジメントと、価値を生み出すプロジェクトチームに変革するために組織体制・プロセス・ツールなど何が成功要因となる

図表15-2　プロジェクトマネジメントとチェンジマネジメントのスケジュール統合の例

| プロジェクトマネジメント | チェンジマネジメント |
|---|---|
| プロジェクトの立上げ → | |
| プロジェクトのスコープ定義 → | ← 準備のための評価と影響分析の実施 |
| | スポンサーの特定と体制構築の開始 |
| プロジェクトの計画 → | チェンジマネジメントチームの選定と準備 |
| 目標の設定 → | ← 予想される抵抗の特定と対処 |
| アプローチの文書化 → | なぜ変革を起こすのかを伝える |
| チームと予算に関する要求の定義 → | （スポンサーに対して） |
| ソリューションのデザイン → | ← 管理者と監督者への心構えを伝え準備する |
| ベンチマークと情報の収集 → | コミュニケーションとスポンサーシップの |
| アイデア出しとコンセプトの選択 → | 継続活動 |
| | グループセッションとコーチングセッションの開始 |
| ソリューションのモデル化 → | キーメッセージの強化（スポンサーに対して） |
| 要求の文書化 → | コミュニケーションおよびスポンサー活動 の継続 |
| ソリューションの開発 → | トレーニング要件の確認とトレーニングの 開発 |
| 選択肢の評価 → | |
| ソリューションの設計 → | コミュニケーション、スポンサーシップ、 コーチング活動の継続 |

かに焦点を当てた組織的なチェンジマネジメントです。変革には段階や
順序、時間が必要です。プロジェクトマネジメントとチェンジマネジメ
ントそれぞれの活動を並行ないしは組み合わせながら進めることで、プ
ロジェクトによる変革は従業員と組織に受け入れられ、より早い成果に
つながることになるでしょう。

## ❖ チェンジマネジメントのモデル

　チェンジマネジメントを適用するための最初のステップは、プロジェ
クトのメンバーそれぞれがどのようにして変革を成功させるのかを理解
することです。チェンジマネジメントの基本的な考え方が、組織が変わ
るには個人が変わる必要があることだからです。

　ここでは、チェンジマネジメントの世界的リーダー企業である Prosci
社の創業者ジェフ・ハイアット氏が開発した「Prosci ADKAR®（プロサイ）モデル」
をもとにチェンジマネジメントを具体的に説明します。同モデルは、個
人の変革を成功させるためには 5 つの構成要素が必要だとしています。

## ❖ Prosci ADKAR® モデルの 5 つの構成要素

- Awareness（認知）：変革の必要性に対する認知
- Desire（欲求）：変革に参加し、サポートしたいという欲求
- Knowledge（知識）：変革を実現するための知識
- Ability（能力）：必要なスキルや行動を実行に移すための能力
- Reinforcement（定着）：変革を持続させるための定着

● A：Awareness（認知）
ここで重要なのは、「変革が起きているという認知」ではなく、「変革
の動機やきっかけを理解すること」です。予測や統制に代わり、エンゲー

ジメントやオーナーシップが重視されるようになった今日のビジネス環境では、変革の影響を受ける従業員に対して、説得力のある構想や理由がないこと、つまり認知や理解が浸透しないことが、従業員の抵抗の最大の原因となります。

「認知」を理解するには、次の4つの質問に答えることから始めましょう。

- 何が変わり、何が変わらないのか（変革の本質）？
- なぜ私たちは変わるのか？
- なぜ今変えるのか？
- 変わらないことのリスクは？

変革の必要性についての認知は、効果的なコミュニケーションとメッセージにより、プロジェクトのライフサイクルの早い段階で広げることができます。認知や変革意識の醸成のための活動の例としては、以下のようなものがあります。

- 効果的なメッセージを作成する
- マネージャーとの会話を充実させる
- 伝えること、とにかく伝えること、伝え続けること
- 容易に情報へアクセスできるようにする
- プロジェクトのキックオフイベントを開催する
- データを視覚的かつ説得力のある方法で提示する
- 洞察可能な現在の状況や危機的状況を共有する

影響を受ける従業員から「理由がわかった」との声を聞くことができれば、十分に認知がされた状態といえます。

● D：Desire（欲求）

「欲求」とは、変革に参加してサポートしたいと個人が決定すること
です。個人が決定することであるため強制はできませんが、欲求を動機
づけ、促すことは可能です。欲求を高めるには、以下のような個人的お
よび組織的な変革の動機付け要因を伝え、明確にする能力が必要です。

- 期待される利益または達成（個人的および組織的の両方）
- 変革がうまくいかなかった場合の結果への恐れ（個人的および組織的
  の両方）
- 何かの一部であることの重要性
- 信頼できるリーダーに従うことの重要性

欲求を高めることは極めて個人的なことなので、外部から操作するこ
とは困難です。しかし、以下のような具体的な行動をとることにより、
欲求を刺激することができます。

- スポンサーからの積極的で目に見えるサポートの確保
- 強力なスポンサー連合の構築
- 管理・監督者の個人的な関与の確保
- 抵抗を予測し、積極的に管理すること
- 従業員の変革プロセスへの参加
- インプットとフィードバックの機会の提供
- インセンティブプログラムを変革に合わせること

影響を受けた従業員から「私が決定した」との声を聞くことができれ
ば、欲求が満たされた状態といえます。

● K：Knowledge（知識）

これは変革の方法についての「知識」のことです。変革の意識を従業員に促す場合、最初のアクションは「トレーニングを受けさせよう」となりがちです。しかし、知識は変革の推進力になろうとする意識と意欲がなければ十分に身につきません。知識について考えるとき、プロジェクトチームは以下の点を考慮することが重要です。

- 変革時に必要な知識
- 変革後に必要な知識

知識を獲得するには、以下のようなことを考慮する必要があります。

- 公式トレーニングの実施
- ウェブ上での教材提供
- メンタリングの関係と機会の提供
- 1対1でのコーチングの提供
- 経験の活用
- ユーザーグループやフォーラムの立上げ
- ナレッジデータベースを立上げ、アクセスを許可し、利用可能な状態にすること
- 具体的なトラブル対応の提示

影響を受けた従業員から「私は方法を知っています」との声を聞くことができれば、知識を獲得した状態といえます。

● A：Ability（能力）

「能力」とは、変革を実際に起こすスキルや行動力のことです。知識があっても、実行する能力は保証されません。プロジェクトチームが実

行する能力を生み出すためには、以下のようなサポートが必要です。

- 実践の場の提供
- 変革にコミットするための必要な時間を作ること
- 上司や同僚によるコーチング
- 専門家へのアクセス
- 新しい行動の模範となること
- 効果的でタイムリーなフィードバックの提供
- サポート資源の提供

　影響を受けた従業員から「私はできます」との声を聞くことができれば、能力を身につけている状態といえます。

●R：Reinforcement（定着）

　これは変革の習慣を「定着」させることです。人間は何か新しい習慣を始めたとしても、放っておくとまた元に戻る習性があります。そこで、習慣を定着させる仕掛けが必要になります。変革の取り組みを定着させるには、次のような仕掛けが有効です。

- 成功を祝うこと
- 新しい働き方に挑戦すること
- 変革の成功を認知すること
- フィードバック
- 是正措置の実施
- パフォーマンス測定値の共有
- 説明責任のための仕組みづくり
- 感謝、賛辞の言葉

第15章 ■ チェンジマネジメント

影響を受けた従業員から「私は続けます」との声を聞くことができれば、定着が果たせられている状態といえます。

ADKAR® モデルの5つの構成要素は、個人の変革を成功させるためのマイルストーンと考えることができます。

# 組織のチェンジマネジメント

ADKAR® モデルを活用した個人のチェンジマネジメントは変革に対して「望ましい結果」を表すものですが、組織のチェンジマネジメントでは「必要な行動」を表します。

ここでは、「Prosci® 3フェーズプロセス」の概要と各フェーズにおける具体的な活動と成果物を説明します。

### ❖ フェーズ1：アプローチの準備（Prepare Approach）

「アプローチの準備」の目的は、必要なスポンサーシップとコミットメントを得て、カスタマイズされた大規模なチェンジマネジメント戦略を策定することで、変革を成功に導くための立ち位置を固めることです。チェンジマネジメントに対する画一的なアプローチは効果的ではありません。変革の形態と性質が影響を与えるのは、人々が直面する課題に対処する方法に対してです。

［フェーズ1の主な活動と投げかける質問］
- 成功の定義「達成したいことは？」
- 影響の定義「誰が仕事のやり方を変えるべきか？」「どのように？」
- アプローチの定義「達成するには何が必要？」
成果物……チェンジマネジメント戦略

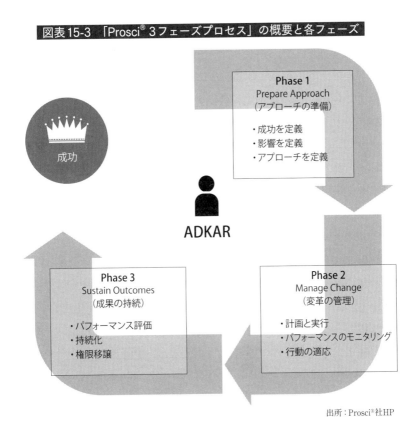

図表15-3 「Prosci® 3フェーズプロセス」の概要と各フェーズ

出所：Prosci®社HP

## ▶ フェーズ2：変革の管理（Manage Change）

「変革の管理」の目的は、個人と組織を変革へと移行させるために、計画の作成・実行を通して、変革の受け入れと定着を図ることです。このフェーズでは、ADKAR® モデルに表されている個々の変革のプロセスと、1つまたは複数の対象となる計画（例：コミュニケーションプラン、スポンサープラン、トレーニングプラン、マネージャープラン）との間に関連性を持たせます。各計画には、活動、役割、スケジュールが含まれており、全体的なプロジェクトマネジメント計画と統合する必要があります。

［フェーズ２の主な活動と投げかける質問］
- 計画と実行「人をどのように準備させ、支援するか？」
- パフォーマンス追跡「順調か？」
- 行動の適応「どのような調整が必要か？」

成果物……チェンジマネジメント・マスター計画

## ⯈ フェーズ３：成果の持続（Sustain Outcomes）

「成果の持続」の目的は、変革が適用され、組織が変革を持続させるためのコミットメントと準備を確実に行うことを通して、変革の価値を実現することです。「定着」は個人レベルで行われますが、「持続」は組織レベルで行われます。このフェーズでは、プロジェクトの取り組みの本番稼働のマイルストーンを超えて、さらに先の日付に注目し、成果を維持するために必要な時間を考慮し、組織の利益とプロジェクトの目的の達成度を評価します。成果を持続するために必要な時間は、プロジェクトの種類やインパクトによってプロジェクトごとに異なります。

［フェーズ３の主な活動と投げかける質問］
- パフォーマンスの振り返り「今の立ち位置は？」「これで終了か？」
- 持続の活性化「変革後の状態を持続させるために何が必要？」
- 権限の委譲「権限を持って成果を持続する人は誰？」

成果物……チェンジマネジメントの終了


# チェンジマネジメントを推進する人々

チェンジマネジメントは、変革の人間的側面を管理する知識とスキルを持った実務家（チェンジ・プラクティショナー）による組織的な取り組みです。

　チェンジ・プラクティショナーは、統一されたアプローチでプロジェクトマネージャーや他の変革推進担当者と協力しながら、変革を成功に導きます。チェンジ・プラクティショナーは、優れたコミュニケーション・スキル、柔軟性、対人関係スキルを駆使し、変革の人間的側面の理解と、構造化された方法論の適用を通して、プロジェクトの個々の課題に対処します。ほとんどのチェンジ・プラクティショナーは、プロジェクトマネジメント、ビジネスアナリシス（業務分析）、組織開発、プロセスマネジメントなどの関連分野でキャリアをスタートさせています。

　プロジェクトチームとチェンジ・プラクティショナーは、変革のためのコラボレーションや資源の統合を通して、統一されたアプローチで協力する必要があります。最適なプロジェクト組織体制は、プロジェクトの規模や複雑さ、変革の範囲、さらには利用可能な資源の数や種類などを反映したものになりますが、チェンジ・プラクティショナーはチームの一員として参加する場合もあれば、チームの外にいながらチームをサポートする場合もあります。

　重要な点は、チェンジマネジメントとプロジェクトマネジメントの人材、プロセス、ツールを統合することで、プロジェクトの確実な価値実現と成果のために、それぞれが責任を負うべき特定の役割と責任があるということです。

　チェンジ・プラクティショナーは、変革の成功に貢献するプロジェクトマネージャーに加えて、組織内の他の役割と協力しながら活動します。これらの中心的な役割には以下が含まれます。

　**スポンサー**：スポンサーは、積極的な姿勢で変革のための支援体制を構築する。組織向けに伝達事項を伝える場合の発信者としても望ましく、従業員と直接コミュニケーションをとることで、変革の成功に貢献する。

　**マネージャー**：部門長や部門マネージャーは、コミュニケーション担当者、プロジェクトチームとの連絡役、変革の擁護者、時には変革の

抵抗勢力、従業員のコーチとして、個々の変革のサポートを通して、変革の成果を成功に導く。

ここで重要なのは、チェンジ・プラクティショナーは組織内の他の多くの人々と協力して、仕事をしなければならないことです。特に、スポンサーやマネージャーには変革を組織的に支援するうえでの役割を理解してもらい、従業員への教育、指導、指示など、変革を持続し、活性化させる取り組みが求められます。これには、情報共有のためのポータルサイト、要点をまとめたスピーチあるいはスピーチ動画、プレゼンテーションなども含まれます。

その他、特定のプロジェクトや取り組みのために定義される役割として、インフルエンサー、チェンジ・エージェントのネットワーク、専門家、その他の補完的な分野の有識者が含まれることがあります。

チェンジマネジメントにより、変革による利益と望ましい結果を実現します。プロジェクトにはさまざまな規模や形態がありますが、変わらず普遍的なのは、影響を受ける従業員が仕事のやり方を変えなければならないことです。プロジェクトの期待される成果や結果の大部分は、個人が自分自身の変革を成功させるかどうかにかかっています。戦略的に重要な統合プロジェクトの場合はなおさらです。プロジェクトマネージャーとして、個人の変革をサポートし、装備を整え、可能にする能力は、プロジェクトの価値実現とプロジェクトマネージャー自身の成功の重要な原動力となります。チェンジマネジメントは、プロジェクトや取り組みの難しい側面を管理するために必要な、構造化された規律、マイルストーン、および成果物を提供します。

# 変更管理

### 期待値を管理し、価値を提供する

　変更管理とは、仕様やスコープの変更をモニタリングし、変更内容とそれに伴うコストやスケジュールへの影響を理解したうえで承認するプロセスです。

　プロジェクトの実行中に仕様の変更を許可した場合、その変更を関係者に速やかに伝えることが重要です。

　プロジェクトマネージャーは、変更におけるプロセスや習慣を身につけることに細心の注意を払います。

# 変更管理プロセスの流れ

　プロジェクトマネージャーは、顧客やスポンサーなどとの会議を通して、スコープの変更などが生じればその日のうちにその内容を確認します。それから週に一度は、プロジェクトマネージャーは上司とともに顧客・スポンサーなどトップマネジメントと電話やオンラインで会議を行い、変更内容が予算やスケジュールに与える影響を議論します。このプロセスにより、全員が事実の認識を共有するようにします。なお、この変更管理プロセスがプロジェクトに適しているかどうかは、プロジェクトチームと顧客・スポンサーが決めます。

　具体的な変更管理プロセスは変更の範囲や難易度によってケースバイケースですが、一般的には図表 16-1 に示すような流れとなります。

　変更管理計画（変更のプロセスをどのように行うかについてのスケジュール）は、プロジェクトの初期に行う定義段階で検討します。変更管理委員会（CCB: Change Control Board）のメンバーを選び、会議の頻度を決定し、変更管理の対象となる作成物を特定し、構成管理の仕組みを作る必要があります。構成管理とは、製品の異なるバージョンを管理することです。

　以下は、すべての変更管理プロセスに共通する 8 つの基本要素です。

1. 成果物の特定
　変更管理の対象となるプロジェクトの成果物をすべて特定する。ここでは、すべてのステークホルダーが承認しなければならないものが含まれ、その中には、要求記述書、設計文書、そしてもちろんプロジェクト憲章も含まれる。
2. 中間成果物の作成
　プロジェクトマネージャーとチームは、プロジェクトを実行しながら、これらの中間成果物を作成する。それぞれの成果物が作成される

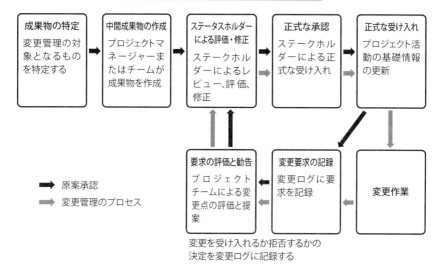

図表16-1　変更管理プロセスの一例

と、その成果物はステークホルダーの承認候補となる。

3. ステークホルダーによる評価・修正

　製品が作られると、さまざまなステークホルダーが製品を評価し、修正を要求することがある。評価と修正は、製品の継続的な開発とともに、適切なステークホルダーがドキュメントに満足するまで繰り返される。

4. 正式な承認

　ステークホルダーが製品を正式に承認し、製品を承認した人と承認日の記録が作成される。この時点でこの記録は管理文書となり、承認された製品は構成管理の対象となる。

5. 変更要求の記録

　ステークホルダーから変更のアイデアが寄せられると、すべての変更要求を変更ログに記録し、その要求元、日付、変更の説明を記載する。各変更要求には、追跡や参照が可能なように、一意の識別子が付

けられる。

6. 要求の評価と勧告

　定期的に、プロジェクトマネージャーまたは指定されたチームメンバーは、すべての潜在的な変更を「コスト」「スケジュール」「製品仕様」への影響について評価し、変更を受け入れるか否かの勧告を行う。評価と勧告の両方が変更ログに記録される。

7. ステークホルダーによる管理文書変更案とプロジェクトマネージャーからの推奨事項の検討

　ステークホルダーは、管理文書への変更案とプロジェクトマネージャーからの推奨事項を検討する。この評価には３つのパターンがある。

　① 変更が推奨どおりに受け入れられるか、軽微な修正が加えられる。

　② 要求にメリットがあるが、意思決定者が追加情報を必要とする場合は、要求が特定の質問とともにプロジェクトチームに送り返されることがある。そして、要求が受け入れられるか却下されるまで、このステップが繰り返されることがある。

　③ リクエストが拒否され、その理由が変更ログに記録される。どのような結果であっても、要求のステータスは変更ログで更新され、発案者に結果が通知される。

8. 正式な受け入れ

　ステークホルダーが変更を正式に承認すると、この承認は変更ログに記録され、誰が変更を承認したか、承認日、影響などが記載される。また、変更に伴い、アクティビティの追加、変更、削除などの形で、プロジェクト計画が更新されることもある。変更が管理文書に影響を与える場合は、その文書が更新される。

# 変更管理の必要性と迅速な意思決定

　変更管理の必要性と迅速な意思決定のために、プロジェクトマネージャーは、変更がプロジェクトに与える影響の深さに応じて、さまざまなカテゴリーに分ける必要があります。これらのカテゴリーは「**変更閾値**」と呼ばれ、以下のように分類できます。

1番目の閾値：プロジェクトチーム内で承認できる変更

　これらの変更は、通常、コストやスケジュール、顧客・スポンサーの製品の使用方法に影響を与えないが、製品をよりよく機能させたり、長持ちさせたりするための設計変更が含まれる場合もある。チームやプロジェクトマネージャーがこれらの変更を承認する権限を持っていても、文書化する必要がある。

2番目の閾値：変更管理委員会による正式な承認が必要

　コスト、スケジュール、機能に影響を与える変更を伴うもので、変更管理委員会の領域。変更管理委員会は定期的に開催され、すべてのステークホルダーの意見を代表する人々で構成される。

3番目の閾値：顧客組織とプロジェクト組織の上級管理者の関与が伴う変更管理委員会の承認が必要

　変更管理委員会がコストやスケジュールの変更を承認する権限を持っていたとしても、それは通常、限られたスコープ内でのこと。指定された金額以上の変更になると、顧客組織とプロジェクト組織の上位幹部が関与しなければならない。プロジェクトの収益性や市場価値を根本的に変えてしまうほどの多大な影響が出る恐れがある場合は、特に上位の意思決定者の判断が必要になる。

# 変更管理委員会を構成するステークホルダー

変更管理委員会を構成する4つのステークホルダーを詳しく見てみましょう。

**プロジェクトチームの代表者**：プロジェクトチームの代表者は、提案されている製品の変更点や、コスト、スケジュール、機能への影響について最も専門的な知識を持っている。プロジェクトマネージャーがこの役割を担うことが多く、他のチームメンバーがプロジェクトチームを代表することもできる。

**顧客・スポンサーの代表者、代理人**：顧客・スポンサーの代表者や代理人は、コストやスケジュールの変更を承認するほか、その変更が製品の有用性にどのような影響を与えるかを理解していなければならない。

**関連製品を持つグループの代表者**：関連製品を再設計する際の変更管理委員会には、関連製品や他の部品を担当する実務者が参加することがある。関連製品を持つグループの代表者は、自身が担当する部品とその動作方法に影響を及ぼす可能性のある変更点を特定する。

**マネジメントの代表者**：経営陣は会社の方針を示すために変更管理委員会に参加する。プロジェクトチームが、製品および関連製品の再設計のため、ベンダー変更を推奨した場合、調達担当者も変更管理委員会に加える。

プロジェクトが大きくなればなるほど、変更管理の閾値が増え、変更管理委員会の数も増えます。大規模なプロジェクトでは、多くの変更管理委員会が運用されています。複雑さは増しますが、プロジェクトの意思決定をコントロールし、意思決定の権限を可能な限り低下させるため

の適切な戦略です。

# 課題管理によるリスクへの対処

　プロジェクトには常に予期せぬ問題がつきまといます。これらの問題は、コスト、スケジュール、スコープの目標を脅かすことになりますが、このような未解決の問題を「課題」と呼びます。

　発生した課題を記録し、その課題がプロジェクトの脅威でなくなるまで計画的に対処するプロセスのことを「課題管理」といいます。課題を記録する「課題管理表」はリスク登録簿に近いものですが、それは課題がリスクを管理するプロセスと近いからです。要するに、課題は解決されなければ、リスクにつながるということです。**リスクと課題の大きな違いは、リスクは発生する可能性のある問題であるのに対し、課題は現実に存在する問題**であるということです。言い換えれば、課題の場合、問題の発生確率は100％です。

　プロジェクトマネージャーやチームが課題を解決できないでいれば、課題管理表がどんどん上書きされていきます。問題の緊急度やプロジェクトへの影響はさまざまなので、問題が記録される際には、影響の大きさや「解決期限」の日付が問題の深刻さを説明するのに役立ちます。影響度と緊急度は問題の優先度につながり、通常は高・中・低に分類されます。

　課題管理表は、プロジェクトチームの進捗会議などで定期的にモニタリングします。その場で課題を解決し完了報告できることが理想ですが、問題の規模が大きく、提案された解決策に多くの費用を要する場合、チームの権限を超え、変更管理委員会の承認を必要とすることがあります。

# 構成管理プロセスの基本ステップ

　プロジェクトにおける構成管理では、プロジェクトの主要製品および資産すべての構成要素を最適な状態に管理します。構成管理により、管理文書やその他のプロジェクト成果物への変更を制限することで、変更に伴うプロジェクト成果物の更新や差分からくる情報の差異で同じ情報が共有できなくなる問題を防ぎます。これは、承認された変更をどのように実行するかに特化した変更管理の一部です。これにより、プロジェクトに参加する全員が同じ情報を共有し、閲覧することができます。

　構成管理の対象となるのは、「プロジェクト期間中に複数のバージョンが存在する可能性のあるすべての製品」です。以下が対象候補例です。

- プロジェクトマネジメント関連資料（プロジェクトの活動の基礎となるものであるため、構成管理の対象としては当然）
- コンピュータ・プログラム、ワープロ文書、図面など、コンピュータで作成され、電子ファイルに保存されているすべての製品
- プロトタイプや製品のモックアップ（プロジェクト中に何度も修正やアップグレードが行われる）

　構成管理は、自動車や航空機などその構造が複雑な製品の製造において厳密に実践されています。製品の各コンポーネントの改訂やアップグレードは、製品の構成管理プロセスによって正式に管理されます。ただし、構成管理の基本的なプロセスは、複雑さのレベルにかかわらず同じです。すなわち、管理対象となるアイテムを特定し、管理体制を設定し、管理責任を割り当てることです。このプロセスに関わるステップを見てみましょう。

## ステップ1：アイテム／製品の特定

管理すべき項目には、「最終成果物（製品）」と「中間成果物」の2つがある。どちらも、WBSを使って特定する。管理文書は構成管理の一部として扱われる。

## ステップ2：コントロールの仕組みづくり

以下の構成管理の仕組みを設計する。

- 管理対象アイテムへのアクセスの制限方法

　エンジニアリング図面が電子的にコンピュータ・ファイルに保存されている場合やファイルキャビネットにある文書を、誰がどのように更新するか、どのように管理するかを決定する。

- 変更記録の必要の有無

　変更記録が必要であれば、変更ログで十分かもしれないし、すべての管理対象アイテムのログが必要かもしれない。逆に、変更記録が必要ない場合や最終製品だけが重要な場合は、構成管理の仕組みをシンプル化できる。

- 版管理

　最新のバージョンかどうかを、電子文書やファイルにバージョン番号や改訂日を表示することで明らかにする。有形の製品の場合、ラベルが必要。

## ステップ3：構成管理責任者の任命

構成管理責任者は、仕組みの導入と管理に責任を持つ。構成管理は、プロジェクトマネージャーの権限やプロジェクトに関する幅広い知識を必要としない管理業務であり、チームメンバーが担当するのがよい。チーム全員がコントロールを尊重し、ルールに従う必要があるが、責任が明確に割り当てられていないとコントロールが十分に実施されず、その価値が十分に発揮されない可能性がある。

**変更管理の最終的な目標は、現実的な期待値を維持することです。**

変更管理とは、潜在的な変更のコスト、スケジュール、スコープへの影響を記録するだけでなく、全体的なコスト、スケジュール、スコープのバランスを現実的かつ望ましい状態に保つことです。

第 **17** 章

進捗状況の測定

成果とパフォーマンスを測定する

　正確な進捗状況を把握するには、詳細なプロジェクト計画と、各ワーク・パッケージのコストとスケジュールの予測と実績を確認する必要があります。

　進捗状況を適宜測定することで、問題が生じていれば小さいうちに、つまり、まだ追いつく時間があるうちに発見することができます。

　進捗測定の主な対象は、コスト、スケジュール、スコープのうち、「コスト」と「スケジュール」ですが、プロジェクトを期待どおりに終結させるには、計画時に進捗状況を測定しやすくすることで、成果・パフォーマンスを把握できるようにしておくことです。

# スケジュール・パフォーマンスの測定

　計画の各ワーク・パッケージは、測定可能な進捗単位です。それぞれに開始日と終了日があります。ワーク・パッケージが小さければ小さいほど、進捗の確認ポイントが増えるので、スケジュールの進捗状況がより正確になります。

## ガント・チャートによる進捗状況の可視化

　スケジュールの進捗状況を可視化するのに適したツールとして、「**ガント・チャート**」があります。ここでは、ガント・チャートを使って、プロジェクトの進捗状況を正確に把握するための方法を紹介します。

**図表17-1　ガントチャートによって可視化されたプロジェクトの進捗状況**

| アクティビティ識別コード | アクティビティの記述 | プロジェクト・スケジュールの期間 | | | | |
|---|---|---|---|---|---|---|
| | | 期間1 | 期間2 | 期間3 | 期間4 | 期間5 |
| 0 | 新製品Aの開発・納品 | | | | | |
| 1.0 | 構成要素1の完了 | | | | | |
| 1.1 | 構成要素1の設計 | | | | | |
| 1.2 | 構成要素1の構築 | | | | | |
| 1.3 | 構成要素1のテスト | | | | | |
| 2.0 | 構成要素2の完了 | | | | | |
| 2.1 | 構成要素2の設計 | | | | | |
| 2.2 | 構成要素2の構築 | | | | | |
| 2.3 | 構成要素2のテスト | | | | | |
| 3.0 | 構成要素1、2の統合 | | | | | |
| 3.1 | 構成要素1、2を新製品Aとして統合 | | | | | |
| 3.2 | 統合済み構成要素を新製品Aとしてテスト | | | | | |
| 3.3 | 構成要素1、2の統合の完了 | | | | | |
| 4.0 | 新製品Aの開発・納品の終了 | | | | | |

（図中注記）
- 主要タスクの進捗
- 100%のタスク進捗状況
- 50%のタスク進捗状況
- データ日付

（凡例）
- 主要タスク
- 主要タスクの進捗状況
- タスク進捗状況
- タスク
- 重要タスク
- ◆ マイルストーン

● 0-50-100 ルールの使用

報告期間が中間報告、最終報告、随時報告のように 2 つ以上にまたがるタスクのスケジュールの完了状況を記録する際には、可能な限り 0-50-100 ルールを使用します。

0 パーセント完了：タスクは開始されていない

50 パーセント完了：タスクは開始されたが、終了していない

100 パーセント完了：タスクが完了した

この方法では小さなワーク・パッケージを前提としています。1 つのワーク・パッケージは作業に多くの時間を要さず、最初の報告と次の報告までの期間で完了させることができるため、2 回の進捗会議で連続して 50% の完了率にはなりません。

● 完了基準にこだわる

すべてのワーク・パッケージには完了基準があり、その基準を満たすまでは 100% 完了したとみなされません。もし、完了していないのに、タスクが完了として登録されてしまえば、表面上はスケジュールどおりに進んでいるにもかかわらず、プロジェクトが大幅に遅れてしまうことになります。

● スケジュール・パフォーマンスによる達成度

スケジュールの完了は、費やした労力ではなく、達成度で測ります。労働予算の 50% を使い切ったからといって、プロジェクトの 50% を達成したことにはなりません。スケジュールの状況は、現在までに計画したとおりに達成したかどうかを測るものです。

# コスト・パフォーマンスの測定

プロジェクトの進行に伴い、人件費、設備費、材料費などのコストを正確に測定するには、計画と実際のコストを適宜比較する仕組みを進捗管理に組み込むことです。

### ┇ コスト・パフォーマンスのグラフ化に伴う問題点

コスト・パフォーマンスのグラフ化は、通常、時間経過とともに計画していたコストと実際に要したコストを比較するために行われたりしますが、この種のグラフにはいくつかの潜在的な欠点があることに注意が必要です。

- 実際に使われている予算は、仕事が完了しているかどうかを示すものではない。
- 会計上のタイムラグがあるとコスト情報が数カ月遅れで届くことがある。このような遅延があると、プロジェクト期間中にはプロジェクトのコスト・パフォーマンスがよく見えたとしても、実はコスト超過だったことがプロジェクト終了後にわかったということになりかねない。

# コスト分析のためのアーンド・バリュー分析

コスト・パフォーマンスの実態を知るには、すべてのタスクの計画コストと実際のコストを比較することです。これを実現するのが、「アーンド・バリュー分析（EVM：Earned Value Management）」と呼ばれる手法です。アーンド・バリュー分析では、コスト・データを使用して、より正確なコストとスケジュールの差異を明らかにします。これは、コ

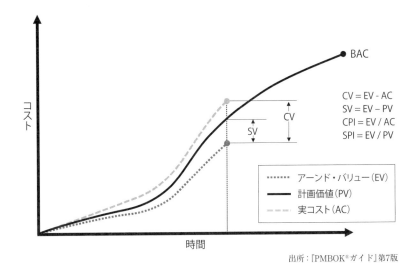

図表17-2　アーンド・バリュー分析におけるスケジュール差異とコスト差異

CV = EV - AC
SV = EV − PV
CPI = EV / AC
SPI = EV / PV

........ アーンド・バリュー（EV）
―――― 計画価値（PV）
――― 実コスト（AC）

出所：『PMBOK®ガイド』第7版

ストとスケジュールの状況を組み合わせて、プロジェクトの全体像を示すものです。

　アーンド・バリュー分析では、パフォーマンス測定の基準となる計画の進捗を表すスケジュール・ベースラインおよび予算の基準を表すコスト・ベースラインを実際のスケジュールおよびコスト・パフォーマンスと比較します。

　アーンド・バリュー分析では各ワーク・パッケージと管理対象について、次の3つの重要な特性値をもとにモニタリングします。

▪ 計画価値（PV：Planned Value）

　計画価値（PV）は、計画時に見積もられた、ある時点までに達成すべき作業に割り当てられた承認済み予算。WBSの構成要素を遂行する作業用に計画した認可済みの予算であり、マネジメント予備費は含まない。

- アーンド・バリュー（EV：Earned Value）

　アーンド・バリュー（EV）は、実施した作業の到達度を金額など
の価値に換算した出来高。測定されたEVの値は、構成要素に対応す
る計画価値（PV）より大きくなることはない。EVはプロジェクトの
進捗率を計算するために使用される。現状を把握するためにEVの増
分をモニタリングし、長期のパフォーマンス傾向を把握するために
EVの累積値をモニタリングする。

- 実コスト（AC：Actual Cost）

　実コスト（AC）は、ある一定の期間内に、遂行された作業の実際
のコストの合計。その時点までの出来高であるアーンド・バリュー
（EV）と実コスト（AC）との差はコスト差異（CV：Cost
Variance）、ACに対するEVの比率はコスト効率指数（CPI：Cost
Performance Index）と呼ばれ、プロジェクトの進捗に対し、計画と
比べてどのくらいのコストを要しているかを算出する指標として利用
される。

## コスト差異を利用した問題点の早期発見

　アーンド・バリュー分析を使って完成時総見積りコスト（EAC：
Estimate at Completion）を計算すると、現在のプロジェクトの進捗状
況と傾向を読み取れます。EACは、作業が現状のペースで推移したら
最終的にどのくらいのコストがかかりそうかを推計したもので、「AC+
（BAC-EV）/CPI」（あるいは、ETCを用いて「AC+ETC」）という式
で算出されます。ETC（残作業見積りコスト：Estimate to Completion）は、
ある時点における完成までの残り作業量を相当する予算コストの金額で
表したものです。ただし、コスト超過の状態だからといって、追加予算
が与えられるとは考えないように注意しましょう。コスト差異は、問題
を早期に発見し、軌道に乗せるための警告信号として利用すべきだから
です。

## ❖ アーンド・バリュー分析を用いたスケジュール差異分析

　プロジェクトのスケジュール状況を正確に表現するには、アーンド・バリュー分析を行い、スケジュール差異（SV：Schedule Variance）を測定することです。スケジュール差異の計算は、コスト差異（CV：Cost Variance）の計算と同じ概念を使います。

- 完成時総予算（BAC：Budget At Completion）

　プロジェクトの計画価値の合計値は、完成時総予算（BAC：Budget At Completion）とも呼ばれる。

- 完成時総コスト見積り（EAC：Estimate At Completion）

　これは、ある時点における完成時の総コストの見積り額。作業が現状のペースで推移したら最終的にどのくらいのコストがかかりそうかを推計したもので、「AC+（BAC − EV）/CPI」（あるいは、ETC を用いて「AC+ETC」）という式で算出される。

- スケジュール差異（SV：Schedule Variance）

　完了するように計画された作業の予算コストの合計（PV）と、ある時点で完了した作業の予算コストの合計（EV）との差のこと。EVから PV を引いた値で表され、スケジュールのパフォーマンスを測定する。これが正ならスケジュールは計画より早く、負なら計画より遅延していることがわかる。

- スケジュール効率指数（SPI：Schedule Performance Index）

　計画時に見積もられた、ある時点までに達成すべき作業の予算コストの合計（PV：Planned Value）に対する、その時点で完了した作業の予算コストの合計（EV：Earned Value）の比率のこと。EV を PV で割って求め、プロジェクトが計画に対してどの程度順調に進捗しているかを知ることができる。SPI が 1 であれば作業は予定どおりに進んでおり、1 を上回っていれば予定より早く、下回っていれば予定より遅れていることがわかる。

## ⁞⧉ アーンド・バリュー・チャートによるパフォーマンスの可視化

　アーンド・バリュー・チャートほど、プロジェクトのコストとスケジュールのパフォーマンスを正確に示すものはありません。アーンド・バリュー・チャートは、その時点でのコストとスケジュールの状況を示すだけでなく、パフォーマンスの傾向も表現します。

　複数のプロジェクトを管理下に置いている経営陣は、アーンド・バリュー・チャートを使って、それぞれのプロジェクトのコストとスケジュールのパフォーマンスを正確に把握することができます。同時に、どのプロジェクトに最も注意を払うべきかを判断することができます。

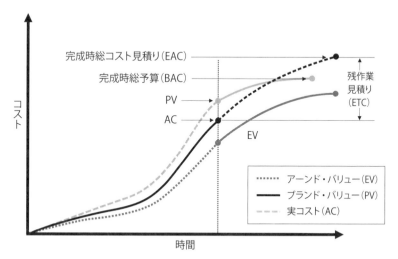

図表17-3　アーンド・バリュー・チャートの例

完成時総コスト見積り（EAC：Estimate at Completion）は、全作業完了までに予測される総コストを明らかにする。実コスト（AC：Actual Cost）と残作業見積り（ETC：Estimate to Completion）の合計として表される。

出所『PMBOK®ガイド』第7版

## ❖ アジャイルで活用されるバーンダウン・チャートとバーンアップ・チャート

　アジャイル手法で使われるバーンダウン・チャートは、必要な機能を作り終えるための作業量と時間の2つの軸を使って簡潔かつ明確にプロジェクトの進捗状況を可視化します（図表17-4）。

### 図表17-4　残ストーリーポイントを示すバーンダウン・チャート

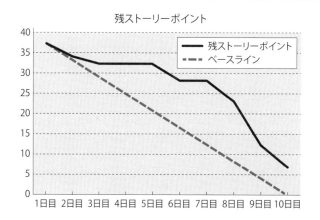

残ストーリーポイント

### 図表17-5　完了ストーリーポイントを示すバーンアップ・チャート

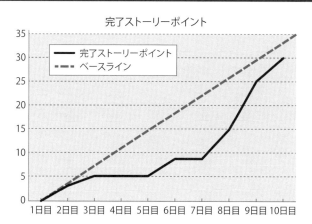

完了ストーリーポイント

バーンダウン・チャートの左端をプロジェクトの開始点として横軸を経過時間、縦軸を必要な作業量とします。バーンダウン・チャートにおける残作業量は「**残ストーリーポイント**」と呼ばれます。

　アジャイルのスコープに対する作業には、チームが想定する作業の複雑性、作業量、リスクまたは不確実性に関連するストーリーポイントが割り当てられ、ストーリーポイントの完了状況から進捗を測定します。計画上の進捗を表す計画線は「**スケジュール・ベースライン**」と呼ばれますが、これは、アーンド・バリュー・チャートにおける PV（Planned Value）と同じです。

　一方、バーンアップ・チャートは左端をプロジェクトの開始点として横軸を経過時間、縦軸を必要な作業量とします（図表17-5）。バーンアップ・チャートにおける完了した作業量は「**完了ストーリーポイント**」と呼ばれます。バーンアップ・チャートの完了ストーリーポイントの実線は完了した作業量であり、EV（Earned Value）と同じく、出来高を示します。

# 第 5 部

# プロジェクトと企業戦略

# 組織的プロジェクトマネジメントを
# 実践する

　プロジェクトの選択と管理のアプローチに一貫性を持たせることで、組織的なプロジェクトマネジメント能力を高めることができます。また、プロジェクトマネジメントの分野と他の関連分野を連携させることで、プロジェクトマネジメントのツールと技法をさらに幅広く活用することができるようになります。

　エンタープライズ・プロジェクトマネジメント（EPM：Enterprise Project Management）は、プロジェクト主導型の組織を編成するためのフレームワークであり、資源を共有する複数のプロジェクトの管理を可能にします。これには要求の収集、優先順位付け、管理の原則が含まれます。また、企業が提供する製品・サービスの品質に関する活動に優先順位を付けるための指針となる一般原則にも焦点を当てます。

　価値を実現する組織的なプロジェクトマネジメントが扱う領域をより深く理解することが、組織にとっての戦略的な強みになります。

# 第 18 章

# 企業戦略との連携

## プロジェクトマネジメント・オフィスによる組織的支援を実現する

　ビジネス環境の変化のペースが速くなり、より多くの組織の資源がプロジェクトに割かれるようになったことで、近年のビジネスはプロジェクト指向に傾注してきています。

　それに伴い、プロジェクトを管理することは従来の延長線上では大変困難になってきています。そのため、多くのプロジェクトを抱える企業や部門では、関連するプロジェクト群を同時並行しても混乱が起きないように合理的に監督するための一貫した方法が必要となってきています。こうした状況に合わせて複数のプロジェクトを適切に管理していくことが、プロジェクトと企業戦略をうまく連携させていく基本とされるようになりました。

　こうした中、企業戦略としての組織的なプロジェクトマネジメントの必要性が広まるにつれ、その解決策として注目されているのが「プロジェクトマネジメント・オフィス（PMO)」です。

　PMO は複数のプロジェクトを遅滞なく進められるように、プロジェクトマネジメントの運営体制を維持するためのプロセスや技術を整備し、維持することを使命とする組織です。

# ５つの成功要因を組織共通の制度にする

第1章(25ページ)および第6章(80ページ)でも述べたように、プロジェクトは以下の５つの成功要因がすべて揃っていることで成功確率が一気に上がります。

- プロジェクトの目標に、プロジェクトチーム、顧客、経営陣の合意がとれている
- 全体の道筋と明確な責任の所在を示され、誰もが進捗状況の測定ができる計画になっている
- プロジェクトに関わるすべてのステークホルダー間のコミュニケーションがとれている
- 期待値が管理され、スコープがコントロールできている
- 経営陣から十分な支援が得られている

これらを組織内で制度化し、企業の事業部門や製品開発部門が共通のプロジェクトマネジメント手法を確立することでプロジェクトの成果は上がります。しかし、複数のプロジェクトを運営していると同じ資源に依存するプロジェクト同士で競合が起こり、各プロジェクトが相互に障害となる場合もあります。プロジェクトを適切な方向で、適切に進めるには、必要な支援と資源の割り当てが必須です。これにより、戦略的目標を達成する価値あるプロジェクトを増やし、機能不全のプロジェクトを減らすことができます。

エンタープライズ・プロジェクトマネジメント（EPM）は、企業（Enterprise）内の活動をすべてプロジェクトとして捉えて管理する考え方です。この考えに組織が依拠しながら全社として一体となって取り組むことで、プロジェクトを企業戦略と連動させることができます。

# 3つの管理層──プロジェクト、プログラム、ポートフォリオ

　EPM は 3 つの管理対象となる「プロジェクト」「プログラム」「ポートフォリオ」を調整しながら、プロジェクトマネジメントを行う管理手法です。ここで、このうち、「プログラム」と「ポートフォリオ」の定義を確認しておきましょう。

　プログラムとは、「**プロジェクトの個別マネジメントでは得ることのできないベネフィットを得るために、調和の取れた方法でマネジメント**

**図表18-1　エンタープライズ・プロジェクトマネジメントのモデル図**

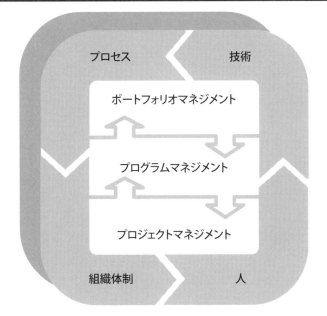

EPM（Enterprise Project Management）は「ポートフォリオマネジメント」「プログラムマネジメント」「プロジェクトマネジメント」の3つの管理層からなり、「プロセス」「技術」「組織体制」「人」という4つの構成要素が揃ってはじめて機能する。

される関連するプロジェクト、サブプログラム、およびプログラム・アクティビティ（活動）」（『プログラムマネジメント標準第4版 日本語版』より）と定義され、ポートフォリオは、「**戦略目標を達成するためにグループとしてマネジメントされるプロジェクト、プログラム、サブポートフォリオ、およびオペレーション（定常業務）の集合**」（『ポートフォリオマネジメント標準第4版 日本語版』より）と定義されています。

　複数のプロジェクトを管理するうえでの組織的な課題は、プロジェクトによってさまざまです。短期間で終わるプロジェクトもあれば、何年にもわたって続くプロジェクト、プログラムもあります。また、日常的に行われる定常業務もあれば、特別なスキルを必要とする取り組みもあります。

　こうした業務を重複や繰り返しなく、全体最適の観点でEPMの3つの管理層を連携させて管理することで、業務効率が高まり、無駄な作業を減らすことができます。

　プロジェクトマネジメントは、1つのプロジェクトを定義、計画、管理するための手法ですが、プロジェクトとの違いを明らかにするために、プログラムマネジメントとポートフォリオマネジメントの2つについて説明します。

## ❖ プログラムマネジメント

　プログラムマネジメントは「**知識、スキル、および原理・原則をプログラムに適用してプログラム目標を達成し、プログラムの構成要素を個別にマネジメントすることでは得られないベネフィットとコントロールを得ること**」（『プログラムマネジメント標準第4版 日本語版』より）と定義されています。複数のプロジェクトを統合することで、より高い成果が期待できるプロジェクトをプログラムとして管理します。

　多くの企業では、進行中およびこれから進行予定のプロジェクトをすべて把握することは難しく、特に、同じ人が多くのプロジェクトを兼任

している場合は混乱を招くことになるため、プログラムマネジメントや複数プロジェクトのマネジメントでは、プロジェクト全体の可視化と調整を行います。

なお、プログラムという言葉には 2 つの異なる定義があります。

1. 一般的には、単に組織内の複数のプロジェクトを監督すること。この場合、すべてのプロジェクトは、組織の大まかな目標を共有し、同じ資源を利用しているため、相互に関連性を持つ。

2. 関連する目標をサポートするすべてのプロジェクトを指す。例えば、「通信ネットワークの設計、構築、運用の契約を獲得して実行する」など。この意味でのプログラムには、サプライヤーマネジメントやビジネス・オペレーションのマネジメントなど、EPM のスコープを超えた機能が含まれている。

どちらの定義にせよ、プログラムマネジメントには、関連する多数のプロジェクトがもたらす混乱を取り除く活動が含まれます。以下、活動の例です。

- 限られた資源（特に人材）を多くのプロジェクトに投入
- プロジェクト間の関係の追跡
- 複数のプロジェクトにまたがって付加価値を与えるプロジェクトやタスクの管理

プログラムマネジメントの運営は、通常、プロジェクト（またはプログラム）・マネジメント・オフィスが行います。

**プロジェクトマネジメント・オフィス（PMO：Project Management Office）とは組織内のプロジェクト管理の標準を定義および維持する、企業、政府機関、または企業内のグループまたは部門を指します。また、**

プログラム・マネジメント・オフィス（PgMO：Program Management Office）とは、特定のベネフィットを達成するための複数プロジェクトを統括し、マネジメントする組織のことを指します。

## ポートフォリオマネジメント

ポートフォリオマネジメントは、「戦略目標を達成するために1つ以上のポートフォリオをまとめ中央集権的にマネジメントすることである」（『ポートフォリオマネジメント標準第4版 日本語版』より）と定義されています。目標を達成するために、プロジェクトやプログラムに優先順位を付けて、実施の認可や管理を行うことです。

株式や債券のポートフォリオと同様に、プロジェクト投資のポートフォリオを管理するには、プロジェクトの取捨選択、モニタリング、中止、中断、強化を体系的に行う必要があります。ポートフォリオマネジメントは、企業の限られた資源と戦略的目標を結びつける役割を果たします。ポートフォリオマネジメントをうまく推進するには、以下に示す関与者やプロセスをよく把握することが大切です。

● ポートフォリオマネジメントの関与者

**経営陣とポートフォリオ運営委員会**：資源（資金、人材、設備）を投入する権限を持つ人がプロジェクトを承認し、監督する。小規模な組織であれば、社長や本部長など経営陣が該当するが、多くの場合、戦略的目標を達成するための責任を共有する人々で構成されるポートフォリオ運営委員会が担当する。ポートフォリオ運営委員会は責任を共有することで健全な緊張感を持ち、企業にとってのベネフィットと限られた資源のバランスをとるように組織全体に働きかける。

**プロジェクト・スポンサー**：プロジェクト・スポンサーはプロジェクトの結果に責任を持てるだけの権限があり、ビジネスケースの作成とそのプロジェクトの運営委員会に参加する。一般的には運営委員会の

メンバーとして十分な権限を有する。

**ビジネスアナリスト**：ビジネスアナリストは、問題や機会を分析し、ビジネスケースを作成するスキルにより、その役割を果たす。そして、プロジェクトの発起人に潜在的な価値や課題解決に対する理解を深める支援を行う。その過程でプロジェクトの方向性が修正され、改善されることもあれば、逆に十分な価値がないことが明らかになることもある。ビジネスアナリストの分析により、プロジェクト立上げの前段階に作成されるビジネスケースがより質の高いものになる。

● ポートフォリオマネジメントに関わるプロセス

**プロジェクトの選定**：活発で革新的な組織では、常に新しいアイデアが登場する。安定した環境にある成熟度の高い組織であっても、新しいプロジェクトのアイデアは次々に湧き出してくるもの。経営陣やポートフォリオ運営委員会は、すべてのプロジェクト候補に対して必要最低限の項目が揃ったビジネスケースのアイデアのメリットとコストを比較検討したうえでプロジェクトを選定し、チームを編成し、プロジェクト立上げの号令を発する。プロジェクトが承認されると、スポンサーが任命され、その後速やかにプロジェクトマネージャーが任命される。

**優先順位と順序**：費用対効果の基準を満たしていても、他のプロジェクトと比べて投資効果が低い場合は承認されないこともある。ポートフォリオ運営委員会は、戦略的目標との整合性を含めた評価基準を設定する。この基準に照らし合わせてプロジェクト候補は順位付けされる。ポートフォリオ運営委員会の目的の1つは、選ばれたプロジェクトのリスクを分散させることであり、1つの大きなプロジェクトではなく、2つの小さなプロジェクトを選ぶこともある。また、緊急性も考慮される。2つのプロジェクトが同じような効果を持ち、同じような資源を必要とする場合、緊急性の高いほうが優先される。

**継続か中止かの判断**：多くの前提の下で始まるプロジェクトだが、すべてが実現するわけではない。ポートフォリオ運営委員会は、プロジェクトの進捗を見守り、重要なポイントで再承認を行う。フェーズ・ゲートは、ビジネスケースとプロジェクト計画が更新される際、運営委員会のレビューを受ける重要なポイントである。プロジェクトの中止はビジネスにおいては自然なことで、優れたプロジェクトであってもプロジェクト周囲の環境変化や追加資源が過分のものと判断されれば中止される。

### ▷ 3つの管理層の連携

プロジェクトマネジメント、プログラムマネジメント、ポートフォリオマネジメントの3つの管理層を連携させながら、プロジェクトとそれに要する資源を企業の目標に合わせて調整します。

進行中のプロジェクトの遅延を改善するために追加資源を投入することもあれば、新たなプロジェクトを取捨選択する決定も、3つの管理層を連携させ、仮定ではなく事実による合理的判断に基づいて行われます。

プロジェクトマネジメント、プログラムマネジメント、ポートフォリオマネジメントを理解したうえで、プロジェクト全体の実行力を高めるためのポイントを見ていきましょう。

# 4つの構成要素——プロセス、技術、組織体制、人

EPMの3つの管理層は、「プロセス」「技術」「組織体制」「人」という4つの構成要素が揃ってはじめて機能します。ただし、これらに資金を提供したからといって、プロジェクトを完遂することはできません。あくまでも、プロジェクトをサポートするためのものです。

ここでは、それぞれの構成要素がプロジェクトの果たす価値実現にど

のような貢献をしているかを見ていきます。

## ▸ 「プロセス」──プロジェクト・ライフサイクルで定義する

EPM を機能させるためには、プログラムやポートフォリオのレベル
で一貫したプロセスが必要ですが、最も重要なのはプロジェクト・レベ
ルのプロセスです。プロジェクトマネジメントの方法論は数多く存在し
ますが、多くの企業がプロジェクトを管理するための実践的なガイドラ
インの構築に苦慮しています。そこで、まずこのプロジェクトのプロセ
スを検討しましょう。

### ● プロジェクト・ライフサイクルのフェーズを定義し、活動を決定する

プロジェクトマネジメントの場合、プロセスとはプロジェクト・ライ
フサイクルのことです。その改善には、ライフサイクルにおける各フェー
ズを定義し、フェーズごとに最適な活動を決定します。

プロジェクト・ライフサイクルの各フェーズには、成果物と承認プロ
セスがあります。承認は、プロジェクト・フェーズ間のフェーズ・ゲー
トを構成します。フェーズ・ゲートとは、フェーズの終了時点で実施す
るレビューであり、各フェーズが完了基準を満たしており、次のステッ
プに進めるかどうかを確認する際に使用します。次のフェーズの継続、
あるいはプロジェクトやプログラムの中止を判断する際にも使用されま
す。成果物には、プロジェクトの開始のフェーズでは、ビジネスケース、
ベネフィット・マネジメント計画書、プロジェクト憲章、組織編制と準
備のフェーズでは、プロジェクトマネジメント計画書およびそれに関連
する作業があります（図表18-2）。

### ● プロジェクト・ライフサイクルと開発アプローチを区別する

プロジェクト・ライフサイクルには、作業を管理するために必要な活
動（詳細な計画の構築や状況の伝達など）が反映されているのに対し、

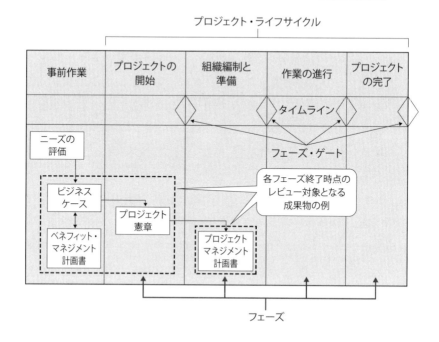

図表18-2 フェーズ・ゲートとレビュー対象となる成果物の例

プロジェクト・ライフサイクル

| 事前作業 | プロジェクトの開始 | 組織編制と準備 | 作業の進行 | プロジェクトの完了 |

タイムライン

フェーズ・ゲート

ニーズの評価

ビジネスケース

プロジェクト憲章

各フェーズ終了時点のレビュー対象となる成果物の例

ベネフィット・マネジメント計画書

プロジェクトマネジメント計画書

フェーズ

製品開発プロセスには、作業を実行するための設計文書やテスト手順の基準などが含まれています。

　プロジェクト・ライフサイクルと製品開発プロセスは異なるため、それぞれ別々に基準を作成します。さまざまな種類のプロジェクトがある中で、すべてに共通する汎用的な方法論を当てはめるのは実用的ではありません。

　プロジェクトマネジメントを標準手法として定着させる場合には、この区別を維持する必要があります。確かに、製品開発とプロジェクトマネジメントの両方の方法論は噛み合っていなければなりませんが、別々に設計されていても補完関係があれば、どちらもうまくいきます。

●プロジェクトの種類に応じて、プロジェクトマネジメントの手法も変わる

　企業がそれぞれ独自のプロジェクトマネジメントの基準を作らなければならないのは、すべてのプロジェクトが同じ管理要求を持っているわけではないからです。

　プロジェクトマネジメントの専門会社からテンプレート資料一式を購入し、そのまま当てはめて使おうとしても、プロジェクトにはさまざまな違いがあるため、同じ方法や内容では対応できません。組織内にはいくつかの異なる種類のプロジェクトがあっても、それぞれ異なる管理基準が必要になります。

　このことを以下のミニケースで考えてみましょう。

小規模：作業時間が100時間未満のプロジェクト
部署内：部署内で人と意思決定をコントロールできるプロジェクト
部署外：部署の枠を超えてサービスを提供するため、より多くの調整
　　　　やコミュニケーションが必要とされるプロジェクト

　ある部署が行うこの３つのプロジェクトの種類ごとに、プロジェクト憲章、プロジェクト計画、進捗報告書など、プロジェクトマネジメントの成果物を作成するためのテンプレートやガイドラインが作成されます。プロジェクトの種類によって、管理の複雑さは異なります。

　小規模プロジェクトでは、過剰な管理基準が課せられることはありません。部署内プロジェクトは、必要十分な管理基準が適用されます。顧客・スポンサーも関係する部署外プロジェクトでは、多くの部署を交えた推進体制を構築するため、管理基準の徹底が求められます。

　扱う製品やプロジェクトの規模、種類に応じてプロジェクトの開発アプローチを選択し、決定することでプロセス改善の基礎ができあがります。プロジェクトマネージャーは、自分に何が期待されているのかを知り、プロジェクトから得た教訓を共有財産として組織に還元します。

「開発アプローチの選択と改善」そして「教訓の組織への還元」の2つの要素が、プロジェクトマネージャーの能力を向上させます。

## ❖「技術」──プロセスを数理的に管理する

ここでは、EPMのプロセス構成を数理的管理の側面から支える技術として、EPMソフトウェアを取り上げ、目標にどのように貢献するかを紹介します。

● EPMソフトウェア

EPMには、個々のプロジェクトやプロジェクト間の関係性の把握、戦略的目標との適合性に基づいたプロジェクトの選択とモニタリングなど、幅広い領域が含まれます。以下は、プロジェクトマネジメントの分野に関連するEPMソフトウェアの8つの共通機能を分類したものです。

［EPMソフトウェアの8つの共通機能］
1. プロジェクトマネジメント
2. チームのコミュニケーションとコラボレーション
3. プロジェクト間の依存関係の可視化
4. すべてのプロジェクトにおける資源の使用状況の可視化
5. プロジェクトポートフォリオ・サマリー
6. プロジェクト状況の報告
7. コスト・アカウンティング
8. 補完的なシステムとのインターフェース

EPMソフトウェアは、EPM理論に基づいて設計されています。理論やコンセプトは普遍的なものですが、利用する組織はそれぞれ異なります。EPMソフトウェアを導入後はインストールだけでなく、設定もしなければなりません。プロジェクトマネジメントが多機能で多様な調整

が求められるなら、設定すべき選択肢は多岐にわたります。また、EPM ソフトウェアが多機能であっても、組織にとって重要でありながら含まれていない機能があるかもしれません。その場合、EPM ソフトウェアに独自のインターフェースやアドオンを開発するなどカスタマイズが必要になることもあるでしょう。

## ❖「組織体制」──プロジェクトマネジメントをサポートする

　組織行動の現実としてエントロピー（混沌）があります。つまり、ポリシーやプロセスは、放っておけば機能しなくなり、自然な状態に戻ります。ポートフォリオマネジメントを含むプロジェクトマネジメントの実践に誰も責任を持たなければ、その考えは消え去り、マネジメントは一過性のものとなります。

　EPM モデルの重要な構成要素として、組織のプロジェクトマネジメントの定義の基準となる「プロセス」、「人材」による活動、「技術」を継続的にサポートする責任があります。この役割を果たす組織体制は、**「プロジェクト・オフィス」** と呼ばれています。

### ● プロジェクト・オフィスの形態

　プロジェクト・オフィスの形態は進化しており、さまざまなモデルの名称があっても標準的なものはありません。プロジェクトマネジメント・オフィス（PMO）の名称は知られていますが、それぞれの形態で責任と権限がどのように扱われているかに注目すれば、名称の違いは重要ではありません。その一般的なモデルを、プロジェクト・オフィスの役割を規定する責任と権限の観点から見ていきましょう。

**センター・オブ・エクセレンス（CoE：Center of Excellence）：** CoE の主な目的は、プロジェクトマネジメントの基準を維持し、組織内での活用を促進すること。CoE のスタッフは、プロジェクトマネー

ジャーの相談役としてサポートを求められるが、プロジェクトの意思決定に直接関与することはない。そのため、知識だけでなく、組織の全階層の人々に説得力のあるアドバイスをするチェンジ・エージェントとしてのスキルも必要となる。

**支援型PMO**：支援型PMOは、プロジェクトマネジメントの基準や手法の維持・普及に加え、プロジェクト計画や予算の編成・更新などの管理会計、財務、経理作業の支援を通して、さまざまなプロジェクトを積極的にサポートしている。

**コントロール型PMO**：コントロール型PMOは支援型PMOと同様、スケジュールや予算のサポートを行う。大きな違いは、コントロール型PMOは組織全体のプロジェクトにプロジェクトマネージャーを供給すること。プロジェクトマネジメントを主な仕事として、人材にとっての組織内での拠点となる。PMOは、プロジェクトマネージャーの給与やキャリアアップなどの管理には責任を持つが、プロジェクトの成功や失敗には責任を持たない。その責任は出向先の組織が負う。

**プログラムマネジメント・オフィス（PgMO）**：プログラムとは、製品・サービスに関連する一連のプロジェクトのこと。例えば、新型航空機を開発する際には、カスタマーサポートから調達に至るまでの一連の作業をプログラムとしてまとめる。プログラムとプロジェクトは多くの共通点があるが、明らかな共通点は、固有の製品を生み出すことと、始まりと終わりがあること。また、相違点は、プログラムは大規模で長期間にわたるため、その中で定常業務が行われること。プログラムマネジメント・オフィスの役割は、プロジェクトマネジメントの専門知識をプログラム全体に提供し、すべてのプロジェクトを結びつけることである。大規模なプログラムマネジメント・オフィスには、スケジュール、予算、リスク管理など、プロジェクトマネジメント機能の多くを担うチームが含まれる。支援型PMOとの共通点は、スケジュールや予算の達成に直接責任を負うことはなく、その役割は

主に優れたプロジェクトマネジメント手法を導入し、サポートすること。支援型PMOとの相違点は、他のプログラムリーダーと同等の立場で、プログラムの意思決定に参加することである。プログラム・マネジメント・オフィスは、プログラムが終了すると解散する。

**指揮型PMO**：指揮型PMOは、プロジェクト・オフィス・モデルの源流であり、プロジェクトに最も高い推進力を持たせる形態。指揮型PMOは、プロジェクトのスケジュール、コスト、スコープの目標を達成するために責任を負う。また、プロジェクトマネージャーの長期的な拠点となり、キャリアパスや給与、経費等の管理業務を行う。指揮型PMOの影響力の大きさは、次の2つの要素によって決まる。

1. プロジェクト志向が高い組織

　指揮型PMOがプロジェクト志向の組織を統括する場合、権限構造の最上位に位置する。一般的には、機能横断的なプロジェクトを担当しており、結果として典型的なマトリクス組織となっている。

2. 一貫したプロジェクトマネジメントを強く奨励する組織

　プロジェクトマネジメントを基準として取り入れている企業では、プロジェクトの実行とプロジェクトマネジメント・プロセスの維持という2つの役割を担っているため、指揮型PMOの影響力は非常に大きくなる。

## ❖ プロジェクト・オフィスの責任範囲

　プロジェクト・オフィスが担う責任の範囲と、責任を果たすために必要な活動を見てみましょう。

### ● プロジェクトマネジメント基準の維持

　プロジェクトマネジメント基準には、プロジェクトマネジメントのベストプラクティスを文書化し、推進し、更新することが含まれます。基準を最新に保つために、プロジェクト・オフィスはプロジェクト後のレ

ビューに参加して改善点を探すこともあります。


● プロジェクト履歴の管理

　プロジェクトを経験した企業の集合知は閲覧できるよう整理・維持されていれば、プロジェクトの履歴情報として有効活用できます。プロジェクト・オフィスは、過去プロジェクトの情報を保存し、検索するための組織体制を提供します。


● トレーニングの実施

　プロジェクトマネージャーやチームのトレーニング目標を設定し、その目標を達成するためのトレーニング・プログラムを提供します。トレーニングをプロジェクト・オフィスが実施する場合もあれば、外部ベンダーに依頼する場合もあります。プロジェクトマネジメントに必要なスキルは多岐にわたるため、カリキュラム作成と運営は複雑なものになります。多くのプロジェクト・オフィスは、この責任をトレーニング部門と分担しています。


● アドバイザーおよびコンサルティングによるサポート

　プロジェクトマネジメントの専門家として認められているのがプロジェクト・オフィスです。各プロジェクトのプロジェクトリーダーは、実践的なサポートを求めて支援を要請すると、プロジェクト・オフィスの担当者は、計画セッション、フェーズレビュー、回避策の取り組みに参加します。プロジェクト・オフィスは、プロジェクトの運営ではなく、コンサルタントとしての役割を果たすこともありますが、リスクアセスメントなどの専門知識があれば、アドバイザーとして活動することもあるでしょう。アドバイザーとしての役割の利点は、プロジェクト・オフィスの専門知識を組織の各プロジェクトで活用できることであり、プロジェクトリーダーの日常業務の負担を下げることにつながります。

● スケジュール分析と予算分析

プロジェクト・オフィスの一般的な役割は、プロジェクトマネージャー
を支援するためにプランニング・アナリストを供給することです。プラ
ンニング・アナリストはプロジェクトマネジメントに精通しており、プ
ロジェクトマネージャーに正確な情報や手法を提案します。プランニン
グ・アナリストの責任は、正確な情報や手法の提案であって、実際のプ
ロジェクトの意思決定をすることはありません。

● EPM ソフトウェアの活用

企業が EPM ソフトウェアを導入した場合、さまざまな形態のプロ
ジェクト・オフィスが参加することになります。関与度が低い場合は、
センター・オブ・エクセレンス（CoE）がシステムの要求と設計を決定
しますが、プロジェクト情報の収集や統合には関与しません。支援型
PMO やコントロール型 PMO の両モデルは、システムの開発と運用を
支援します。プログラムマネジメント・オフィスと指揮型 PMO は、そ
れぞれの管理範囲内で、プロジェクト情報の生成と統合に関する権限を
持ちます。

● 複数プロジェクトの調整

センター・オブ・エクセレンス（CoE）を除くすべての形態のプロジェ
クト・オフィスは、組織横断の資源平準化やプロジェクト間の関係性の
モニタリングなど複数プロジェクトの調整機能を持ちます。これらの活
動は、すべてのプロジェクトマネージャーと部門マネージャーの協力を
得て、日常的に行う必要があります。これらが機能すれば、プロジェク
ト・オフィスは組織内でより大きな影響力を持つことになります。

● プロジェクトを俯瞰的かつ統合的に確認し、分析する

経営陣がすべてのプロジェクトをモニタリングできるように、プロ

ジェクトの状況を俯瞰的かつ統合的に確認できるようにするのは、プロジェクト・オフィスの責任です。プロジェクト・オフィスは情報の分析に参加し、専門知識を駆使して問題が危機的状況になる前に発見し、報告します。

●プロジェクトの意思決定、プロジェクトマネージャーの監督

プロジェクトマネジメントの意思決定に積極的に参加し、強い権限と責任を持つのは指揮型 PMO とプログラムマネジメント・オフィス（PgMO）です。また、積極的にプロジェクトマネージャーを監督するのは、指揮型 PMO です。PgMO は、問題があれば警告を発し、プログラムマネージャーにプロジェクトの是正や改善を求めることもありますが、プロジェクトマネージャーはその結果を PgMO に報告することはありません。

●コスト、スケジュール、スコープの目標達成

指揮型 PMO には、プロジェクトの成功に対する直接的な責任があります。指揮型 PMO と PgMO の役割は、プロジェクトの成功や失敗と密接に関係しています。プロジェクトの失敗が続くと、PMO には厳しい目が向けられ、PgMO はプログラムの最終結果に対する責任を共有することになります。

●プロジェクトマネージャーのキャリアアップ

すべての形態のプロジェクト・オフィスは、会社内のプロジェクトマネージャーの成長と機会の提供に責任があります。トレーニング・プログラムの提供は、プロジェクトマネジメントのスキル修得に必須です。また、プランニング・アナリストを採用しているプロジェクト・オフィスは、プロジェクトマネージャー候補の育成の場となります。プロジェクトマネージャーの育成と機会の提供に責任を持つのは、コントロール

型 PMO と指揮型 PMO の形態だけです。

● プロジェクトマネージャーの組織への供給

プロジェクトを管理する能力を持った人材を継続的に確保し、プロジェクトマネージャーがプロジェクトの合間に立ち寄れる拠点とも呼べる場所を提供しているのは、コントロール型 PMO と指揮型 PMO の 2 つのモデルです。

● ポートフォリオマネジメントへの参加

プロジェクト・オフィスの形態によって、ポートフォリオマネジメントへの影響の度合いは異なり、全く関与しない場合もあれば、積極的に関与する場合もあります。プロジェクト・オフィスのスタッフは、実際のデータを扱っており、その専門的な意見や判断に重みがあるため、専門家として参加することもあります。特に、PgMO や指揮型 PMO は、プロジェクトの開始や中止の決定において、強い発言力を持つ傾向があります。

● プロジェクト・オフィスの形態それぞれの価値

プロジェクト・オフィスにはさまざまな形態がありますが、すべての企業に当てはまるわけではありません。

プロジェクト・オフィスは、企業内の組織体制やプロジェクト環境を反映したものでなければなりません。IT（情報技術）グループ内にセンター・オブ・エクセレンス（CoE）を設置し、企業のベストプラクティスを維持し、トレーニングを実施する場合もあれば、企業の各事業部の中には、IT 部門の責任者が、すべての IT プロジェクトを管理するプロジェクト・オフィスを設置する場合もあります。また、事業部のプロジェクト・オフィスが、CoE の基準やトレーニングを参考にし、時にはコンサルティングのサポートも行うこともあるでしょう。

それぞれのモデルの強みを企業内のさまざまなニーズに合わせることが成功の秘訣です。

## ▶「人」──プロジェクトを遂行する

EPM のプロセスや技術に注目する一方で、組織の目的はプロジェクトを遂行することであり、遂行するのは「人」です。ほぼすべての分野において、ツールやプロセスの成熟度にかかわらず、困難なプロジェクトが立ちはだかったとき、経営陣は実績のあるリーダーにプロジェクトを成功に導くことを求めます。

つまり、最高のプロジェクトは、最高の人材によって遂行されるのです。

プロセスを重視し、標準化を進めたい人々にとっては、反論のように聞こえるかもしれませんが、達成困難なプロジェクトを成功させてきたプロジェクトリーダーは知識と経験、工夫に基づくベストプラクティスを示してくれます。実際に、成功したプロジェクトリーダーは、プロジェクトマネジメントの規律の制度化を強く推奨しています。

より多くの人にベストプラクティスを活用してもらうには、ベストプラクティスを実践している優れたプロジェクトリーダーが使っているツールとプロセスを示すことです。したがって、EPM の展開を通じてベストプラクティスを制度化することが、将来のプロジェクトリーダーを育成するための最良の方法です。

EPM の展開において、トレーニングは確かに答えの１つです。もちろん、トレーニングだけではなく、EPM のツールや手法を使って経験を積むことで、プロジェクトマネジメント能力を向上させることができます。日々の実践の中で、プロジェクトマネジメントが習慣化されると、無意識で実践できる熟練の域に到達します。環境は整えることで、プロジェクトマネージャーはプロジェクトマネジメントのスキルを意欲的に修得しますが、他のステークホルダー（チーム、スポンサー、部門責任

者）の場合、状況は似ていても、積極的に学習するとはならない傾向があります。これらのステークホルダーは、EPM 実現のために重要な役割を担っていますが、まず、自身が全体像の中でどのような役割を果たしているのかを認識し、どのような貢献が求められているかを知る必要があります。

　そのため、これらのステークホルダーを対象としたトレーニングでは、EPM の目標や価値、会社全体の EPM の仕組み、彼らに期待する行動について説明することから始めるのが一般的です。

　人とプロセスのどちらが重要かではなく、人、プロセス、技術が一体となって機能することが重要です。EPM の構成要素がすべて揃い、効果的に作用するなら、すべての人材の貢献が企業に大きな利益をもたらします。

# 要求

## 要求を分析し、ソリューションを進化させる

　プロジェクトの目的は適切な製品・サービスを納期どおり、予算どおりに提供することですが、その達成には開発する製品やサービスの特徴や性能に関するステークホルダーとの合意形成のプロセスがとても重要です。このプロセスで合意した製品・サービスのビジョンを維持しながら、最終的に成果物を提供することになります。

　製品・サービスのビジョンを共有し、その約束を実現するための技術やプロセスが、ソフトウェア開発でよく行われる「**要求開発**」と「**要求管理**」です。要求開発とは、顧客とのディスカッションなどを通じて顧客が潜在的に要求している製品・サービスを開発することであり、要求管理は開発された要求をマネジメントすることです。

　IT（情報技術）やソフトウェア開発のプロジェクトではカスタマイズの要素が多いため顧客の真の要求を見極めるのが難しく、その開発を管理するのは一筋縄ではいかないのが通例です。こうした背景もあり、要求開発と要求管理の考え方が生まれました。そして、この課題を解決するために、ソフトウェアの開発と同時に要求を発見できるアジャイルソフトウェア開発など、多くのアプローチが試みられています。

# 要求とプロジェクトマネジメントの密接な関係

　顧客からの要求とプロジェクトマネジメントは、プロジェクトのあらゆるフェーズで関係し合います。顧客満足は、顧客の目的を理想的な形で満たす製品やサービスを生み出すことに根ざしています。「スケジュール」「コスト」「スコープ」の３つの制約事項のうち、スコープの要素は要求によって定義され、スケジュールとコストの要素も、顧客が理想とするプロジェクトの成果の理解により要求が定義されます。要求は、プロジェクトの理想的な結果を記述するものであり、スコープを具体化させるものであるため、ビジネスケースの重要な構成要素となります。要求が不明瞭で、未決事項が多いと、スケジュールとコストの見積りは正確さを失います。

　つまり、プロジェクトを成功させるためには、ステークホルダーの要求を満たすことに合意することです。当然、ステークホルダー全員が要求事項を正確に文書化してプロジェクトに関与するはずと考えたくもなります。しかし、実際、そうはいきません。プロジェクトの失敗のうち、要求定義の失敗が直接の原因となっていることが非常に多いのは、ある程度プロジェクトに携わってきた人ならよく理解できることと思います。

　要求が正しく理解されていなかったことが判明すると、手戻りが発生します。問題を解決するのに必要な労力は、要求を正確に理解するのに必要な労力の数倍に膨らむこともあります。

　要求を間違えて設計ミスとなり、それが製品の製造ミスにつながり、顧客が受け入れテストをするまでそのミスが発見されない可能性があることを考えてみてください。それ以上に悪いこととして、製品が市場にリリースされて稼働してから欠陥が発見されることもあります。その場合、欠陥のコストには事業の中断も含まれます。欠陥の発見に時間がか

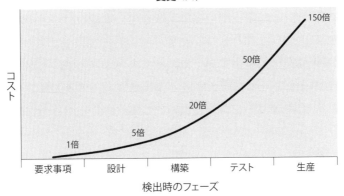

### 図表19-1 変更コスト曲線

**変更コスト**

150倍

50倍

20倍

5倍

1倍

コスト

要求事項　設計　構築　テスト　生産

検出時のフェーズ

ベームの変更コスト曲線：変更は時間の経過とともにコストが高くつく

出所：『PMBOK®ガイド』第7版

かればかかるほど、手戻りも大きくなります。要求定義の欠陥が顧客に
エラーを発生させると、収益、評判ともに大きな損害を受けます。

　図表19-1 はプロジェクトの過程で変更が発生した場合に追加で要す
るコストの実態を表したものです。見てのとおり、要求事項の段階で不
具合等が発見されれば、そのダメージは最小に抑えることができます。

## ▶ ビジネスアナリストの重要な役割

　顧客や他のステークホルダーと対話し、要求を抽出して文書化する役
割を担うのは誰でしょうか？　それは、プロジェクトの種類によってさ
まざまです。

　住宅や商業施設の建設では建築家ですが、ソフトウェアやIT（情報
技術）のプロジェクトではビジネスアナリストが担うことが多いです。
ビジネスアナリストとは、ビジネスアナリシス（業務分析）を専門に行
う職種であり、顧客の要求を聞き出して要件定義を行い、それを開発チー
ムに伝える役割を担います。ビジネスアナリストは International

Institute for Business Analysis（IIBA）という団体が試験を実施して資格認定を行っています。また、IIBA は、ソフトウェア開発や IT プロジェクトにおける要求事項の収集、文書化、管理のための基準を策定するための中心的な役割を担っています。

　アジャイル開発に携わるプロジェクトマネージャーは、ビジネスアナリストの知識と経験、特に専門とする業種に関わる要求開発、要求管理の手法についても理解しておくとよいでしょう。

## 進化する製品ビジョンを示す要求の形態

　要求開発と要求管理を行ううえでは、「要求」をより正確に定義することが求められます。IIBA は要求を次のように定義しています。

　**「要求は、ニーズの理解しやすい表現である。要求では、その要求を満たすことによって、どのような価値を提供できるかに焦点を当てる。文書（または文書群）で表現してもよいが、表現の形は状況によりさまざまに異なる。」**（BABOK® ガイド第 3 版より）

　IIBA が発行している BABOK® ガイド（ビジネスアナリシス知識体系ガイド）では、Requirements を日本語訳の際、「要件」という言葉を使わず、「要求」で統一していますが、「要求」は利用部門などから出てきた整理されていない曖昧なままの要望を指します。それに対して、「要件」は利用部門に属さないプロジェクトチームや開発者などの第三者の視点から要求を客観的に分析し、とりまとめたものとして取り扱います。

　製品のビジョンが、課題や機会の抽象的な理解から具体的な機能へと発展していく過程で、「要求」が形成されていきます。それぞれの要求分類は、ビジョンを製品の運用上および技術上のニーズに変換します。

図表19-2　要求とデザインのサイクル

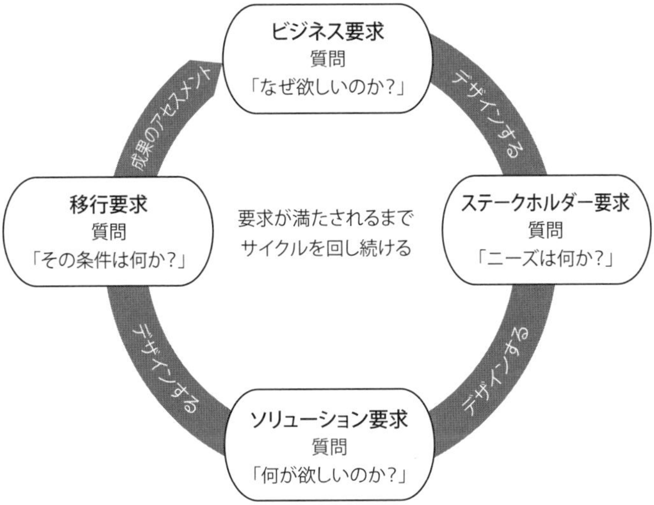

ビジネス要求
質問
「なぜ欲しいのか?」

デザインする

ステークホルダー要求
質問
「ニーズは何か?」

デザインする

ソリューション要求
質問
「何が欲しいのか?」

デザインする

移行要求
質問
「その条件は何か?」

成果のアセスメント

要求が満たされるまで
サイクルを回し続ける

出所:BABOK® ガイド第3版から引用した図を一部加工

　BABOK® ガイドでは、要求分類を「ビジネス要求」「ステークホルダー要求」「ソリューション要求」「移行要求」の4つで表しています。この4つの視点で要求をプロジェクト全体の構造から確認して設計(デザイン)していくことで真の要求を具体化していきます(図表19-2)。

## ❖ ビジネス要求

　ビジネス要求はプロジェクトの正当性を示すもので、ビジネスケースに含まれます。具体的に製品を作るには、ビジネス要求の内容は大まかで抽象的なものです。目的は、製品の最終的な目標を設定することなので、プロジェクトチームがこれらの要求を満たすことができれば、その製品は成功したことになります。ビジネス要求は、当初の課題や機会に対する可能なソリューションを評価するための基礎となります。また、プロジェクト終了後に成功を評価するための枠組みとなります。

## ステークホルダー要求

「**ユーザー要求**」とも呼ばれるステークホルダー要求では、顧客や利用者などのステークホルダーの視点から見たソリューションを記述します。ステークホルダー要求は、ビジネス要求を達成するためにステークホルダーが何をできなければならないかを記述します。ステークホルダーが行う日常的な行動を、ソリューションが提供すべき機能として文書化したものです。

ステークホルダー要求を文書化する一般的な方法として、第10章で説明した「**ユーザー・ストーリー**」があります（150ページ参照）。ユーザー・ストーリーは、アジャイル手法の一部として生まれたもので、ユーザーが実行する機能を記述することです。基本的なユーザー・ストーリーの構造は、「ユーザー」が「できるようになること」であり、その結果、「価値を得ることができる」というものです。

ユーザー・ストーリーの利点は、自然言語の形式でユーザーの行動を記述することで、ユーザーとソリューションを提供する側が、「ユーザーが何をできるようにする必要があるのか」の共通認識と理解を持てることです。

## ソリューション要求

ソリューション要求は、ステークホルダーおよびビジネス要求を満たすために、ソリューションとして、どのような機能が必要かを記述します。

ソリューション要求は、さらに「**機能要求**」と「**非機能要求**」に分けられます。機能要求は、ビジネス要求やステークホルダー要求を満たすために必要な、組織・業務・システムが実現すべき機能を説明します。非機能要求は、機能要求がどの程度実行されるべきかを記述します。非機能要求には、ビジネスルールが含まれていることもあります。

### ❖ 移行要求

　現在の状態から将来の状態に円滑に移行できるように、ソリューションが持つべき能力と満たすべき条件を記述します。移行要求は、変更、変革を達成した段階で不要になります。

　以上のことを端的にまとめると、ビジネス要求は、プロジェクトの期待される成果を定義します。ステークホルダー要求は、ソリューションによってユーザーが期待される成果を達成するためにどのように役立つかを理解するのに役立ちます。ソリューション要求は、ユーザーのニーズを満たし、プロジェクトの期待される成果を達成するために、ソリューションが何をしなければならないかを定義します。そして、移行要求は、円滑な移行条件を明確にします。

## ┊ 要求のスコープとプロセス

　要求は一般的に、「**要求開発**」と「**要求管理**」という2つの主要な活動グループに分けることができます。製品開発プロセスでは、要求→設計→構築→運用の4つのフェーズに沿って進行します。4つのフェーズでは抽象度が高いため、実際の製品開発では、より具体的なフェーズにさらに分割されます。製品開発プロセスでは、当然ながら最初に要求に焦点を当てます。

　要求における活動は製品の最終フェーズである受け入れまで続くため、要求開発を一貫して推進するため、要求管理が必要となります。

### ❖ 反復型の製品開発プロセス

　IT（情報技術）やソフトウェアに関するプロジェクトでは、直線的な製品開発プロセスが適用されている場合もありますが、多くは反復型

の製品開発プロセスが適用されています。

　反復型の製品開発プロセスでは、設計開始前にすべての要求を把握できるとは考えていません。むしろ、要求→設計→構築のサイクルを何度も繰り返し、新製品のアーキテクチャや機能を開発する中で新たな要求を発見していきます。実際、反復型の製品開発プロセスは、継続的に詳細な要求を明らかにし、それをすぐに製品に反映させる手法として定着しています。

## 要求開発の主な活動

　要求開発とは、機会や課題といった要求を最初に認識してから、解決策の目標を詳細に説明するまでの過程を意味します。この目標は、要求に続く設計・構築の基盤となります。この道のりは決して単純なものではなく、以下に示すようないくつかの要因が絡み合っています。

- 要求は、利用者や顧客にはわからない。それは、未知の領域に足を踏み入れているからかもしれないが、利用者や顧客の考える「必要性」は、課題を解決するための単純なものであることが多い
- 組織が縦割り型で機能している状態を縦長の窓がない穀物などの貯蔵庫のサイロになぞらえて「サイロ化」という。あるグループが自分たちのニーズを特定しても、そのニーズ（またはそのニーズに対するソリューション）が組織の他の部分にどのような影響を与えるかを考慮または理解していない場合があるのがサイロ化された組織の弊害
- ビジネスニーズを理解し、意味ある要求を作成するために必要とされる労力や専門知識は、一般的にその重要性が理解されていないため、過小評価されている。ビジネスアナリストは、要求開発の計画に大きく関与することが望まれる

- 要求にとって、変化は唯一不変のもの。ステークホルダーがソリューションを構築する担当者とニーズについて話し合う中で、ソリューションのビジョンが変わることはよくある。変化する要求に対応できるかどうかは、組織の文化や開発プロセスに左右される。残念ながら、すべての組織で要求管理プロセスが高いレベルで機能しているわけではない

　要求開発のプロセスを分解しながら、これらの課題を克服する方法を見ていきましょう。

## ▶ ニーズ、ウォンツ、ゴールを集める

　ビジネスニーズの情報収集のためには、2つのポイントが欠かせません。1つは、ツールをどのように使うかがツールそのものと同じくらい重要であるとの認識です。もう1つは、プロジェクトの定義段階で、「完了」がどのようなものであるかを明確に定義することです。

　ビジネスニーズを定義することは非常に重要でありながら、難しいことです。情報収集に役立つツールや技法は無数にあります。その中には、質問あるいは、アンケートを通して答えを引き出す方法もあれば、グループでの対話や議論を通じて情報を引き出す方法もあります。例えば、多数のステークホルダーから予備的なデータを得るために、アンケートや調査を行うことがあります。これがプロジェクトマネジメントでいう「**要求の引き出し**」の一例です。回答者は、質問された特定の質問に答えます。

　一方、ワークショップでは、ステークホルダーが一堂に会して議論を行います。その結果、議論が深まり、組織の壁が取り払われ、意思決定の際に統一された合意が得られます。熟練したファシリテーター（多くの場合、ビジネスアナリスト）に任せるのも、これらのワークショップにとって重要な成功要因です。

第19章 ▪ 要求

ビジネスアナリストは、これらの手法に加えて、ベンチマーキング、ブレーンストーミング、フォーカスグループインタビュー、デプスインタビューなど、多くの手法を使います。それぞれの手法には強みがありますが、大切なのはステークホルダーが自分自身や組織にとって最も役立つものを選ぶことです。

● 要求を収集するための手法

**アンケート調査**：質問のリストを関係者に送り、回答を得る。アンケートは多くの情報を早く集めることができるが、回答者は聞かれた質問に答えるのみであり、質問していない重要な要求や制約を発見できないことには注意が必要。

**観察**：現在行われていることを観察する。これには、既存のドキュメントや生産性を示すパフォーマンスデータの収集が含まれる。現在のプロセスを把握するための初期段階と、特定の情報を探すための後期段階の両方で使用する。

**インタビュー**：ステークホルダーと会話することで、特有の視点を深く掘り下げることができる。プロジェクトの初期段階では、経営者へのインタビューにより、ビジネスニーズを把握する。また、プロジェクトの後半でユーザーへのインタビューにより、ビジネスルールや必要な機能についての詳細が得られる。

**プロセス可視化のためのファシリテーション**：モデリング技法（システム開発において、開発プロセスを一般化して全体の構造を把握するための標準仕様）を使って、現在のプロセスや望ましいプロセスを説明する。ファシリテートされたグループは、お互いに学び合い、共同で意思決定を下す。

● 要求分析と文書化

要求は、ステークホルダーのニーズを満たすためのソリューションに

ついての共通理解を提供します。要求は、全体的な戦略的ビジネスニーズ、ユーザーのニーズ、ニーズに対してソリューションが何をどの程度対応できる必要があるのかの説明を文書化したものです。

● モデリングの活用

分析とは、「要求の引き出し」の結果を吟味、調査、分解して真の要求を見極めるプロセスです。この分析を行うためには、ビジネスアナリストは、モデリング、問題解決、コミュニケーション、データ分析などのスキルが必要です。その中でも特に重要なスキルがモデリングです。

ビジネスアナリストは、問題解決のためにグループをリードし、グループの決定を文書化する手段としてモデルを使用します。モデルは、複雑で抽象的なアイデアを視覚的に表現することができるため、すべてのステークホルダーがコミュニケーションをとり、合意を形成することが容易になります。

システムモデルとプロセスモデルは、人とシステムの間のインターフェースと情報の流れを視覚的に表現します。顧客に価値（Value：バリュー）を届ける一連の流れ（Stream：ストリーム）を可視化した図なので、「バリュー・ストリーム・マップ」と呼ばれます（図表19-3）。

バリュー・ストリーム・マップは、一連のアクティビティと、各アクティビティで使用される材料や情報を表しています。これらのモデルにより、グループは潜在的なギャップやボトルネックを確認し、ソリューションを可視化することができます。

第19章 ▪ 要求

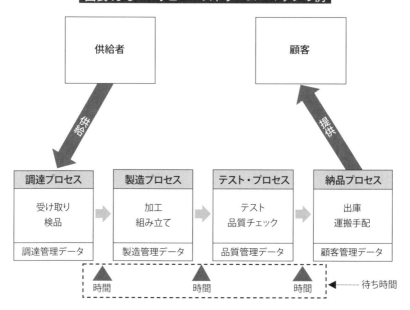

事業会社は、製品提供に必要な資材を供給者から調達し、自社内で製造、テスト、最終的に顧客への納品を通して完成した製品・サービス、すなわち価値を提供している。各プロセス間の連携に必要なアクティビティやタスクを管理するデータ（調達、製造、品質、顧客）等を可視化することで、顧客の手に価値が渡るまでの待ち時間を明らかにすることができる。ただし、価値が提供されたと顧客が感じるのは、それを実際に手にしたときである。バリュー・ストリーム・マップは迅速な価値提供を妨げる待ち時間がどこに発生しているかを可視化することで、価値の流れを滑らかにするための改善箇所を明らかにすることができる。

## ⫸ 要求定義書の内容の確認

　適切な要求定義書は、概要レベルと詳細レベルがあります。概要レベルのものは、変更されるシステムまたはプロセスの枠組みが示されます。詳細レベルのものは、ソリューションが与える影響に対する特定のビジネスルールまで記述します。要求定義書には、以下のような多くの異なる構成要素が含まれる場合があります。

　**ペルソナ**：具体的な顧客像を意味するペルソナは、ここではプロセスや製品に関わるさまざまなステークホルダーを表している。それ

ぞれのペルソナには、ユーザーの理解を深めるための属性や関心事が含まれている。

**ユーザー・ストーリー**：ユーザー・ストーリーは、ステークホルダーの詳細な要求が収集され、形成されたもの。

**プロセスマップ**：プロセスマップとは、プロジェクトのスコープ内で行われる活動の組織横断型のモデルのこと。現状のプロセスマップで、現在の作業の進め方を把握し、将来のあるべき姿のモデルを示し、プロセスに対する望ましい改善点を明確にする。

**システムモデル**：人、システム、データの関係を図解した視覚的な表現のこと。

要求定義書のフォーマットや作成方法は、通常、組織の基準、プロジェクトの規模とスコープ、要求管理ソフトウェアの利用可否に基づいて決定します。表計算ソフトでも要求のソートやフィルタリング機能を使い、分析やレポート作成はできます。

## ▶ 妥当性確認と検証

適切な要求事項は、製品が正しく作られたかどうかをテストするための基礎となります。要求が正しく、製品が要求を満たしているかどうかを確認するための用語として、「**妥当性確認**」と「**検証**」があります。

**妥当性確認**：成果物が正しく、完全であることを確認することに重点を置く。妥当性確認は、検査、ウォークスルー、プロトタイピングなどのさまざまな手法を用いて、ステークホルダーとともに検討される。ウォークスルーとは短時間開催される非公式な検討会のことで、ピアレビューともいう。また、プロトタイピングとは実際に構築する前に、期待される製品の試作品を提供することにより、要求事項に関する早期フィードバックを得る方法のこと。

**検証**：製品が正しく作られ、設計どおりに機能していることを確認す

ることに主眼を置く。検証は通常、テストや検査を用いて構築段階で行われる。これらの活動は、ビジネスアナリスト、設計者、開発者、テスト担当者など、さまざまなチームメンバーによって行われる。製品が正しく作られているかどうかを検証するための品質管理活動とも関係する。

# 要求管理の主な活動

要求は、ある時点でのビジネスニーズを捉えたものです。プロジェクトが価値を提供できるかどうかは、要求を正しく把握し、プロジェクト環境の変化に直面しても要求を適切に維持できるかどうかに左右されます。

要求管理活動は、「**承認と優先順位付け**」「**変更のコントロール**」「**トレーサビリティ**」の3つの重点分野から構成されています。プロジェクトマネージャーは、要求を価値ある成果物としてステークホルダーに提供するために、時間と資源を適切に割り当てるスキルが求められます。

### 承認と優先順位付け

まず、ステークホルダー分析（71ページ）と責任分担マトリクス（91ページ）、RACIチャート（91ページ）を使って、誰が要求を承認する権限を持っているかを把握します。

承認と優先順位付けは別々のアクションです。承認とは、要求が正しいことを意味します。その後、要求に優先順位を付け、順序を決めます。すべての要求が同じように重要というわけではなく、また、プロジェクト予算で対応できるスコープを超えた要求があるのは当然のことであるため、優先順位付けは行われます。適切な人を参加させ、優先順位付けのための透明性のあるプロセスを構築することは、プロジェクトマネー

ジャーの重要な責務です。

　優先順位付けの手法として、「MoSCoW分析」があります。この分析手法の結果は、どの要求を最初に行うべきか、どの要求を一緒に行うべきか、どの要求は追加資源を待つべきかを明確にします。


[MoSCoW分析]

　要求の優先度を「M」「S」「C」「W」の4段階で分類する手法。4つの分類には、それぞれ以下のような意味がある。

　M（Must have）：必ず満たさなければならない（必須）

　これが欠けるとサービスの価値が失われるような必須の要求。

　S（Should have）：可能であれば満たすことが推奨される（推奨）

　提供するべき重要な要求。ただし、時間や資源が不足している場合などは、将来、提供するときまで延期してもよい（延期は短期間を推奨）。この要求が欠けてもサービスには、価値がある。

　C（Could have）：他のものに影響を与えない限り満たしてもよい（可能）

　提供のためにコストや時間がかかりすぎなければ、含めることが有益な要求。サービスの中心にはならない。

　W（Won't）：今回は見送る（先送り）

　将来的に満たすかもしれないが、今回の提供では必要とされない要求。


●アジャイルの優先順位付けに使われるプロダクト・バックログ

　アジャイル型開発アプローチでは、要求に優先順位を付けるための反復可能な手法が組み込まれています。プロダクト・バックログとは、要求のリストのことです。

　優先度の高い要求は、より多くの時間を費やして、ユーザーや主要なステークホルダーが要求を満たすために実際に必要なものを明確にしま

す。一方、優先度の低い要求は、成果物として定義されないこともあります。

## ⁝ 変更のコントロール

　要求が変更される理由はさまざまです。初期の要求収集時にビジネスニーズを見逃すなどがありますが、多くの場合、環境の変化です。例えば、規制や契約、市場ニーズなどの変化です。また、組織の改編や予算配分の大幅な変更などの組織的な変化もあります。プロジェクトの期間が長ければ長いほど、要求が変化する可能性は高くなります。

　変更が発生した場合、ビジネスアナリストとプロジェクトマネージャーは、「要求事項」「スケジュール」「予算」「ステークホルダーへの影響」「製品開発の要素」「テスト計画」など、プロジェクトの他の側面への影響を評価しなければなりません。

### ●変化の速さは警告サイン

プロジェクトマネージャーは、要求の変更は認める一方で、変更の全体量をモニタリングし、警告サインを見落とさないよう留意する必要があります。

　要求に急激な変化があり、さらにそれが続くようなら、プロジェクトを推進する基本的な前提条件に根本的な問題がある可能性があります。

### ●アジャイルは変化に適応した開発

ソフトウェア開発プロジェクトでは、要求が変化するという現実を受け入れるために、アジャイル型の開発アプローチをとります。

　このアプローチでは、要求を詳細に定義するのではなく、製品開発プロセスに顧客の緊密な関与を求めます。詳細なステークホルダー要求の小さな増分の合意が、素早く実用的なソフトウェアに変換されるため、変更の追跡や要求の更新の必要性が減ります。

### ❖ トレーサビリティ

　ビジネス要求がステークホルダー要求に、そしてソリューション要求に進化していく過程で、これらの要求はそれぞれ、製品設計の要素やテスト計画にも関連してきます。これらの関係を明確に把握することができることを「トレーサビリティ」といいます。

　要求のトレーサビリティによって、事業戦略、要求、設計、ソリューション開発、テスト計画を変更した場合、他の要求や他のプロジェクトを見て、その影響を理解して対処することができます。

## 要求活動に関わる人々

　要求から誰が利益を得て、利用するかを明らかにします。ビジネスアナリストは、ビジネスニーズを満たすためのソリューションを設計・構築するために要求を使用します。それ以外にも、要求に従って仕事を進める多くのステークホルダーがいます。

　例えば、情報システム開発においては、ユーザーとその管理者は部門間の共通理解を確保し、実装を成功させるための準備として要求を使用します。プロジェクトマネージャーは、要求をもとに残りの作業をより正確に見積もることができます。テスト担当者は、テスト計画を定義するために要求一式を利用します。

　要求開発に活用される仕様の作成は、ステークホルダーを念頭にビジネスアナリストによって行われます。要求管理は専門領域であることから、その遂行は容易とはいえません。そこで、この領域に取り組むためのポイントを簡単に紹介します。

### ❖ ビジネスアナリストのためのスキル開発

　ビジネスアナリストは、ソフトウェア開発プロセスを理解し、モデリ

ング技法を用いてグループを率いてビジネス上の問題を解決し、利用者や開発者と効果的なコミュニケーションをとることが求められます。

　また、テストケースを作成し、トレーサビリティシステムを確立し、要求の変更を文書化し、ベースラインを設定・管理します。

　これらはすべて、トレーニングと実践を通じて培われるスキルです。ビジネス分析は、プロジェクトマネジメントと同様に、専門性の高いスキルです。

## ❖ 要求基準の定型化

　プロセス・モデリング、ユーザー・ストーリー、コンテキスト・ダイアグラムなどの技法は、さまざまな形で存在していますが、企業は、モ

図表19-4　販売管理システムのコンテキスト・ダイアグラムの例

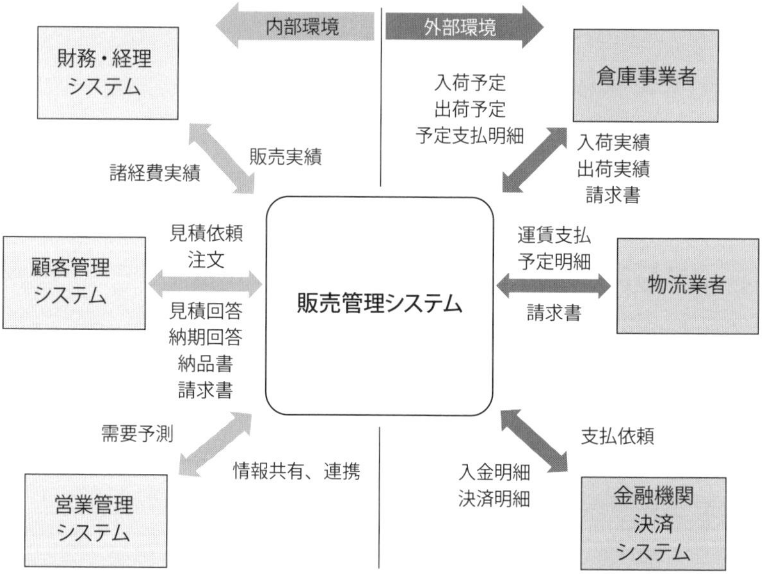

販売管理システムに関連する対象業務のデータの流れの概念を図化。内部環境では社内システムとのデータ連携を、外部環境では事業者や金融機関決済システムとの業務の流れを簡潔に明示。

デリング技法を自社に合わせて、標準化して使用します。

「**プロセス・モデリング**」とは、現在のプロセスを分析・改善するための業務フローを表記する活動です。「**ユーザー・ストーリー**」とは、ユーザー視点からのシステムがユーザーにとってどのような価値をもたらすのかを示すものです。「**コンテキスト・ダイアグラム**」とは、ビジネスのプロセスや使われる装置、コンピュータ・システムなどのビジネス・システムに対して、その利用者やその他のシステムがどのように相互作用しているのかを表した図解表現のことです。

また、ビジネス要求、ステークホルダー要求、ソリューション要求、移行要求を区別できるよう、テンプレートを使い、これらの文書を定型化します。

### ❖ 製品開発プロセスごとに合わせる要求技法

ソフトウェア開発において、予測型開発アプローチはプロジェクトの種類によっては適切な方法です。また、プロジェクトのケースによっては、アジャイル型、反復型、漸進型も同様に適切な方法として採用されています。

これらのアプローチはそれぞれ「要求」「設計」「構築」の関係を変えるものであり、「要求の引き出し」「文書化」「要求管理の手法」も変わることを意味します。建築物、通信網、高速道路、ソフトウェアなど、何を作るにしても要求は必須のタスクであり、要求を文書化する方法も作る製品によって変わります。

製品開発プロセスに応じて、要求技法は変えなければならないということです。

# 第 20 章

# 品質と改善

## プロジェクトに品質を組み込み、継続的に改善する

　プロジェクトマネジメントに限らず、製品・サービスを提供するとき、品質において「品質管理」と「品質保証」をしっかり行うことが必須です。品質管理は、製品・サービスを提供する前にその品質が合格点に達しているかを検証することです。一方の品質保証は、成果物が一定の品質基準を満たしているかを確認したり、メンテナンスなどその後の品質を保証することです。

　品質は組織への信頼につながる評価要素であるため、プロジェクトマネジメントが扱う領域においても特に注力しなければならないテーマです。そのため、品質管理と品質保証の活動を行うには対象分野に強みを持つ専門家が必要であり、品質の維持にはコストも要することを認識しておくべきです。

　品質コストの原則は、「正しい製品を正しく作るために必要な投資は、不適合コストよりも小さい」というものです。これには、予防コストや評価コストといった適合関連コストや、内部不具合コストと外部不具合コストなどの不適合関連コストが含まれます。

　このようにプロジェクトマネジメントにおいては、品質の専門人材の知見や手法に投資し、仕事の進め方を継続的に改善することで品質が扱う領域をより深く理解することができ、ひいてはそれが組織にとっての戦略的な強みになります。

# 品質への基本的な姿勢

## 品質の定義

古典的な品質の定義として、「**要求事項への適合**」があります。

一方、製品に対する要求の観点からの品質の定義として、「**使用に適したもの**」があります。この定義は、製品がどのように使用されるかを考え、利用者や顧客から与えられた要求を上回るというものです。

プロジェクトマネジメントの現場から考えると、「要求事項への適合」は基本的に充足するべきであり、顧客からの期待に対する価値提供のためには「使用に適したもの」を洗練させるという姿勢が求められます。

これを品質（Quality）と等級（Grade）との比較で考えてみましょう。

例えば、ランニングシューズを購入する際、同じメーカーでも多くのモデルがあります。あるモデルの走行距離は 500km の耐久性を持ち、別のモデルは 1000km の耐久性を持つように設計されているとします。走行距離 1000km の耐久性能を持つランニングシューズのほうが高品質なのでしょうか？　この場合、等級が高いだけです。

品質が「要求事項への適合」だとすれば、その尺度はさまざまなランニングシューズのモデルが利用者の要望にどれだけ応えているかということです。なぜ、より低い等級のランニングシューズを求めるかというと、等級が違えば目的も違うからです。

## 品質管理活動の目的と実施すべきこと

プロジェクトマネージャーは、プロジェクト全体の方針を決定しますが、それは品質管理活動においても同様です。品質管理活動の目的は、問題を発見することであり、プロジェクトマネージャーは、問題の発見と修正のための時間を計画に組み込むことで、品質管理活動の方針を決

定します。

　品質管理活動に加えて、プロジェクトではテストや検査の結果を整理し記録しなければなりません。この結果は、プロジェクトが意図した品質を提供しながら、順調に軌道に乗っていることを示す証拠となります。テストや検査の結果、軌道に乗っていないことが明白であれば、リカバリーとその効果のモニタリングが必要になります。

　あらゆる種類の仕事に対して、テストや検査を専門に行う人たちがいます。プロジェクトでもこれら専門家を知り、開発プロセスのできるだけ早い段階で参加させます。彼らの意見は、要求や設計の活動を改善し、品質管理活動の計画にも有効です。

## ❖ 品質管理によるプロセス改善

　情報システムプロジェクトにおいて、要求の引き出しと管理のプロセスでは、ビジネスアナリストが要求を明確にします。ただし、コードの各ユニットやシステム全体のテストを担当するソフトウェア・テスターもまた、要求の作成に重要な役割を果たします。

　要求は、プロセスや製品がどのように動作するかを説明しますが、テスト担当者は、コードが動作せず、エラーが発生した場合、システムはどのように対応すべきかの要求事項を明確にします。実際、優秀なビジネスアナリストの中には、キャリアの初期段階でソフトウェアのテストに時間を費やしていた人もいます。徹底的なテストを設計するために必要とされる考え方は、要求を洗練させるための思考プロセスと似ています。

　**要求の重要な基準は、測定可能であることです。**しかし、品質に関する知識、経験が不十分だと、顧客やユーザーが何を求めているのかを正確に読み取れず、基準が不明確になってしまうことがあります。要求事項を作成する際には、品質管理に責任を持つ人を含めるようにしましょう。

プロジェクトや業務に品質を組み込むことは、品質分野の重要なテーマです。多くの企業は、品質への投資が大きなコスト削減をもたらし、顧客満足度を向上させるという「品質コスト」の原則を信じています。こうした企業の中には、単に品質の専門家をプロジェクトに参加させるだけでなく、プロセス改善そのものを目的としてプロジェクトを開始するところもあります。

# 品質コスト

　品質への投資は、手直しや顧客の不満、材料の無駄を避けることで得られる節約分よりも予防に重点を置き、最初から正しい方法で行うほうが経済的だとする考え方が重要です。この原則は、「**品質コスト**」と呼ばれています。

## ⬥ 不適合コスト

　品質低下に伴うコストを「**不適合コスト**」と呼びます。これには、手直しや廃棄のように測定できる場合もあれば、測定できない場合もあります。測定できない場合とは、例えば、複数あるプロジェクトのうち、1つのプロジェクトが手直しのためにスケジュールを延長したことで別のプロジェクトが遅れることがあります。これは、不適合コストが他にも波及して、不適合に関わる総コストが大きくなることを示しますが、こうした場合、測定は困難です。

## ⬥ 適合コスト

　一方で、より良い製品を作るために必要なコストのことを「**適合コスト**」と呼びます。適合コストは品質を高めることで結果的にコスト・パフォーマンスを最適化することに貢献するものです。

### 図表20-1　適合コストと不適合コストの一例

適合コスト　　　　　　　　　　　　　不適合コスト

**予防コスト**
（品質適合プロダクトの生産）
　・トレーニング
　・プロセスの文書化
　・機器
　・正しく作業するための時間

**評価コスト**
（品質の査定）
　・試験
　・破壊試験による損失
　・検査

欠陥を回避するためにプロジェクト
期間中に支出する金額

**内部不良コスト**
（プロジェクトにおいて識別された不良）
　・手直し
　・廃棄

**外部不良コスト**
（顧客によって発見された不良）
　・損害賠償
　・保障作業
　・ビジネスの逸失

不良によりプロジェクト期間中
および期間後に支出する金額

出所：『PMBOK®ガイド』第6版

　例えば、品質をより良くするための活動には、次のようなものがあります。

- 業界標準に沿った作業を行うためのスキルトレーニング
- 重要なステップでの作業の検査
- ソフトウェア開発プロジェクトのコードレビューに見られるピアレビュー

　トレーニング、検査、ピアレビューなどには人員と専門知識が必要です。これにはもちろんコストがかかります。しかし、仕事を正しく行うための「適合コスト」と「不適合コスト」を比較すると、品質に対する積極的な投資が、結果的に全体コストを下げることにつながるのは、多くの実例が証明しています。

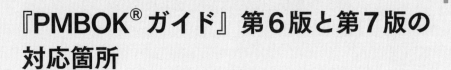

# 『PMBOK® ガイド』第6版と第7版の対応箇所

## ▷ PMBOK® ガイド第7版は第6版の更新版ではなく、実践に適用するための拡張版

　『PMBOK® ガイド』第7版の「プロジェクトマネジメント標準」、または「プロジェクトマネジメント知識体系ガイド」において、『PMBOK® ガイド』第6版のプロセスベース・アプローチとの整合を無効にする内容は一切存在しません。

　『PMBOK® ガイド』第7版策定時、プロジェクトマネジメントのグローバルコミュニティに参加する多くの組織と実務者は、プロジェクトマネジメント遂行能力や方法論、そして能力の評価にプロセス・アプローチが有用であるとしています。

　重要な点は、第7版の文脈においても第6版との関連性を維持しており、第6版の構造と内容に継続的な価値が存在し、第7版の内容を強化していることです。第7版は、PMI standards+ デジタル・コンテンツ・プラットフォームとリンクし、実用的な適用を促す目的で、補足情報をウェブ上で提供しています。

## ▷ 『PMBOK® ガイド』第6版と第7版の変更点

　●「プロセス重視」から「原理・原則重視」に基づく内容へ

　プロジェクトマネジメントは、近年、急速に進化を続け、第6版のプロセスベース指向では、価値実現の全貌を示すための方法として維持することが困難になってきました。そのため、第7版では、効果的なプロジェクトマネジメントを支援し、成果物ではなく意図した成果をより重

## 図表A-1 プロジェクトマネジメント標準の改訂と『PMBOKガイド』第6版から第7版への移行、PMIstandards+ デジタル・コンテンツ・プラットフォーム

**『PMBOK®ガイド』第6版**

**プロジェクトマネジメント知識体系ガイド：**
- はじめに、プロジェクトの運営環境、およびプロジェクト・マネージャーの役割
- 知識エリア
  - ・統合
  - ・スコープ
  - ・スケジュール
  - ・コスト
  - ・品質
  - ・資源
  - ・コミュニケーション
  - ・リスク
  - ・調達
  - ・ステークホルダー

**プロジェクトマネジメント標準：**
  - ・立上げ
  - ・計画
  - ・実行
  - ・監視・コントロール
  - ・終結

**付属文書、用語集、索引**

**『PMBOK®ガイド』第7版**

**プロジェクトマネジメント標準：**
- はじめに
- 価値実現システム
- プロジェクトマネジメントの原理・原則
  - ・スチュワードシップ　・テーラリング
  - ・チーム　　　　　　　・品質
  - ・ステークホルダー　　・複雑さ
  - ・価値　　　　　　　　・リスク
  - ・システム思考　　　　・適応力と回復力
  - ・リーダーシップ　　　・チェンジ

**プロジェクトマネジメント知識体系ガイド：**
- プロジェクト・パフォーマンス領域：
  - ・ステークホルダー　　・計画
  - ・チーム　　　　　　　・プロジェクト作業
  - ・開発アプローチと　　・デリバリー
  - 　ライフサイクル　　　・測定
  - 　　　　　　　　　　　・不確かさ
- テーラリング
- モデル、方法、作成物

**付属文書、用語集、索引**

**PMIstandards+™デジタル・コンテンツ・プラットフォーム**
- ・このプラットフォームは、「モデル、方法、作成物」の項を介して『PMBOK® ガイド』にリンクされており、そのコンテンツをさらに拡大している。
- ・プラットフォームには、すべてのPMI標準のコンテンツとプラットフォーム専用に開発されたコンテンツが組み込まれている。
- ・コンテンツは、新たな実務慣行を含め、実際の実務慣行の「ハウツー」を反映している。

出所：『PMBOK®ガイド』第7版

視するために、原理原則ベースの標準に移行しています。具体的には、5つのプロセス群から12の原理・原則への移行を反映しています（図表A-1参照）。

●成果物だけでなく、プロジェクトの成果にも焦点

『PMBOK® ガイド』第7版は日本語版の正式名称は『プロジェクトマネジメント知識体系ガイド（PMBOK® ガイド）第7版＋プロジェクト

マネジメント標準』となっており、名称どおり２つの文書で構成されています。２つの文書は『プロジェクトマネジメント標準』そして、『PMBOK® ガイド』の順でまとめられています。『プロジェクトマネジメント標準』は、プロジェクトマネジメントを理解するための基礎知識を提供し、プロジェクトが意図した成果をどのように達成するかについて説明しています。また『PMBOK® ガイド』では、プロジェクト実務者が作業の遂行に利用できるよう、一般に使用されている数多くのモデル、方法、作成物を紹介しています。『プロジェクトマネジメント標準』および『PMBOK® ガイド』は、プロジェクトはアウトプットを生成するだけではなく、それらのアウトプットによって組織とそのステークホルダーに最終的に価値を実現する成果を生み出せるという点を明確にしています。

　『プロジェクトマネジメント標準』の一部としてプロジェクトマネジメントをシステム全体から捉える価値実現の全体観から始まり、『PMBOK® ガイド』の内容表現へと続いています。価値実現のためにシステムを重視することは、ポートフォリオ、プログラム、プロジェクトのガバナンスを実施するという見方から、バリューチェーンを重視する見方への変化をもたらします。

　『PMBOK® ガイド』第７版にある８つのパフォーマンス領域（図表A-2 参照）は「ステークホルダー」「チーム」「開発アプローチとライフサイクル」「計画」「プロジェクト作業」「デリバリー」「測定」「不確実性」からなり、プロジェクトの成果の効果的な提供に不可欠な関連する活動のグループです。パフォーマンス領域は、望まれるプロジェクトの成果を達成するために一丸となって働くときの、相互に作用し、関係し、依存するマネジメント能力からなります。

　プロジェクトチームは、変化が生じた特定のパフォーマンス領域だけでなく、仕組み全体を考慮して、その変化を継続的にレビューし、適応し、対処します。チームは、価値実現システムの概念に従い、成果重視

## 図表A-2　8のパフォーマンス領域

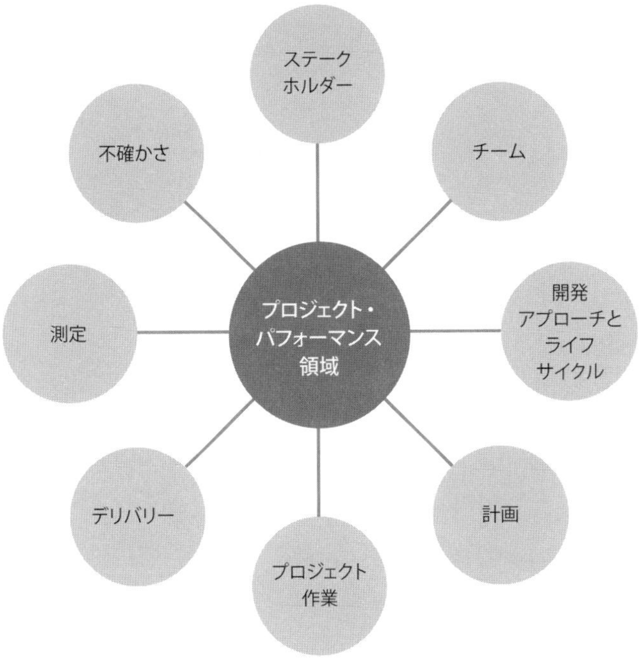

の尺度を通じて、各パフォーマンス領域の効果的なパフォーマンスを評価します。「10の知識エリア」から「8のパフォーマンス領域」への変更を反映しています（図表A-1参照）。

● 予測型、ハイブリッド型、適応型の開発アプローチ

開発アプローチは、開発対象となる製品・サービスの特性を踏まえて、その価値の創出と発展を促すためのプロジェクトの進め方を指します。その方法は一様ではなく、業界によって開発アプローチを表す用語が異なることがあります。

一般に使用されるアプローチには、ウォーターフォール型に代表される予測型、ハイブリッド、アジャイル型などの適応型の3つがあります。

図表A-3　開発アプローチ

出所：『PMBOK®ガイド』第7版

第7版の『PMBOK®ガイド』で「開発アプローチとライフサイクル」の章が設けられています。

● 開発アプローチとプロセスに対する「テーラリング」に関するセクションの設置

『PMBOK®ガイド』のこれまでの版では、プロジェクトマネジメントのアプローチを各プロジェクトとその状況の独自性に合わせてテーラリングすることの重要性が強調されてきました。**テーラリングとは、プロジェクトマネジメントのアプローチ、プロセス、ツール、技法、成果物などを、個々のプロジェクトの状況に応じて、適切な組み合わせを決定し、実用的な形に調整すること**です。

特に、第6版では、プロジェクト・チームがプロジェクトマネジメントへのアプローチをテーラリングする方法を考えるために役立つ考慮事項が組み込まれています。その内容は各「知識エリア」のはじめに含まれ、すべてのプロジェクト環境に関する考慮事項が提供されています。『PMBOK®ガイド』第7版では「テーラリング」の章が設けられています。

- ●ツールと技法のリストを拡張し「モデル、方法、作成物」のセクションを新設

プロジェクトマネジメントを支援するモデル、方法、および作成物について大まかにグループ分けしています。チームがいつ、どのように、またはどのツールを使用するべきかを指示することはありません。第6版にあるツール、技法、アウトプットを拡張したものとしてリンクしています。

- ●現場適用に活かせるようスリムに。コンテンツをデジタル・コンテンツ・プラットフォームのPMI standard+ に統合

PMI standards+ は、現在の、新たに出現しつつある、そして将来の実務慣行、方法、作成物、およびその他の有用な情報を統合する対話型のデジタル・プラットフォームです。このデジタル・コンテンツは、知識体系のダイナミックな性質をより的確に反映しており、特定の実務慣行、方法、または作成物が、業界、プロジェクトの形態、またはその他の特性に基づいて、どのようにプロジェクトに適用されるかを説明しています。

第6版のインプット、ツールと技法、アウトプットから始めて、PMI standards+ はプロジェクトマネジメントの継続的な進化を支援する新たな知見を組み込み続けています。

### ❖ 『PMBOK® ガイド』第7版のプロジェクトマネジメントの12の原理・原則

『PMBOK® ガイド』第7版に収録されているプロジェクトマネジメント標準は、プロジェクトマネジメントの原理・原則を提示しています。原理・原則は指針を提供するにとどまり、適用の度合いや方法は、組織やプロジェクト、成果物、プロジェクトチーム、ステークホルダー、その他の要素の状況に影響を受けます。

また、プロジェクトマネジメントの原理・原則には、一般的なマネジ

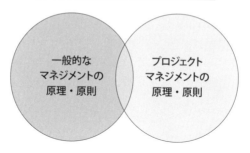

図表A-4 重なり合う原理・原則

一般的な
マネジメントの
原理・原則

プロジェクト
マネジメントの
原理・原則

出所：『PMBOK®ガイド』第7版

図表A-5 プロジェクトマネジメントの12の原理・原則

| | | |
|---|---|---|
| 1. | スチュワードシップ | 勤勉で、敬意を払い、面倒見の良いスチュワードであること |
| 2. | チーム | 協働的なプロジェクトチーム環境を構築すること |
| 3. | ステークホルダー | ステークホルダーと効果的に関わること |
| 4. | 価値 | 価値に焦点を当てること |
| 5. | システム思考 | システムの相互作用を認識し、評価し、対応すること |
| 6. | リーダーシップ | リーダーシップを示すこと |
| 7. | テーラリング | 状況に基づいてテーラリングすること |
| 8. | 品質 | プロセスと成果物に品質を組み込むこと |
| 9. | 複雑さ | 複雑さに対処すること |
| 10. | リスク | リスク対応を最適化すること |
| 11. | 適応力とレジリエンス | 適応力とレジリエンスを持つこと |
| 12. | 変革 | 想定した将来の状態を達成するために変革できるようにすること |

出所：『PMBOK®ガイド』第7版

メントの原理・原則と重なる領域がありえます。例えば、一般にプロジェクトもビジネスも価値の実現に焦点を当てます。プロジェクトでは定常業務と比べて方法が多少異なることはありますが、価値に焦点を当てることに関する基本的な原理・原則はどちらにも適用できます。図表A-4は、この重なりを示しています。

　プロジェクトマネジメントの12の原理・原則は、重み付けや順序なしで列挙されています（図表A-5参照）。

## ⁂『PMBOK® ガイド』第6版のプロジェクトマネジメントの5つのプロセス群（PMBOK 6th）

PMBOK® ガイド第6版に収録されているプロジェクトマネジメント標準は、5つのプロジェクトマネジメント・プロセス群を提示しています。分類された5つのプロジェクトマネジメント・プロセス群は次のとおりです。

### 1. 立上げプロセス群

プロジェクトやフェーズを開始する認可を得ることによって、新規プロジェクトや既存プロジェクトの新しいフェーズを定義するために実行されるプロセス。

### 2. 計画プロセス群

プロジェクト・スコープの確定や目標の洗練、さらにプロジェクトが取り組むべき目標の達成に必要な一連の行動を規定するために必要なプロセス。

### 3. 実行プロセス群

プロジェクトの要求事項を満たすために、プロジェクトマネジメント計画書に定義された作業を完了すべく実施するプロセス。

### 4. 監視・コントロールプロセス群

プロジェクトの進捗やパフォーマンスを追跡し、レビューし、統制し、計画の変更が必要な分野を特定し、それらの変更を開始するために必要なプロセス。

### 5. 終結プロセス群

プロジェクト、フェーズ、または契約を正式に完了または完結するために実施するプロセス。

　この5つのプロセス群は、適用分野（マーケティング、情報サービス、会計など）や、産業（建設、航空宇宙、電気通信など）に限定されるものではありません。

プロセス群内の個々のプロセスは、フェーズまたはプロジェクトを完了する前に反復されることがあります。プロセスの反復およびプロセス間の相互作用の数はプロジェクトのニーズに応じて異なり、プロセスは通常、3つのカテゴリーのどこかに分類されるとされています。

- プロジェクトの中であらかじめ定義された時点で使用されるプロセス
- 必要に応じて定期的に行われるプロセス
- プロジェクト全体を通して継続的に行われるプロセス

　プロセス群はプロジェクト・フェーズではありません。プロジェクトがフェーズに分割されている場合、プロセス群内のプロセスは各フェーズ内で相互作用します。図表 A-6 に示すように、すべてのプロセス群を 1 つのフェーズ内に表現することができます。
　プロジェクトが、概念策定、フィージビリティ・スタディ、設計、プ

**図表A-6　プロジェクトやフェーズ内におけるプロセス群の相互作用の例**

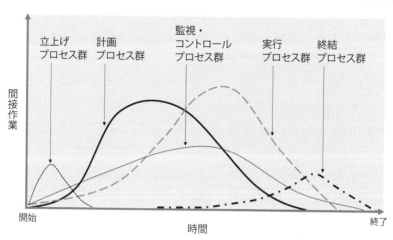

出所：『PMBOK®ガイド』第6版

ロトタイプ、ビルド、あるいはテストなど個別のフェーズに分かれてい
る場合、各プロセス群のプロセスは、そのフェーズの完了基準が満たさ
れるまで各フェーズ内で必要に応じて反復されます。

　プロセス群および知識エリアにマッピングされた49のプロセスは図
表A-7のとおりです。

**図表A-7　プロジェクトマネジメント・プロセス群と知識エリアのマッピング**

| 知識エリア | プロジェクトマネジメント・プロセス群 | | | | |
|---|---|---|---|---|---|
| | 立上げ<br>プロセス群 | 計画<br>プロセス群 | 実行<br>プロセス群 | 監視・コントロール・<br>プロセス群 | 終結<br>プロセス群 |
| 4 プロジェクト<br>統合マネジメ<br>ント | 4.1 プロジェクト<br>憲章の作成 | 4.2 プロジェクト<br>マネジメント計<br>画書の作成 | 4.3 プロジェク<br>ト作業の指揮・<br>マネジメント<br>4.4 プロジェク<br>ト知識のマネ<br>ジメント | 4.5 プロジェク<br>ト作業の監視・<br>コントロール<br>4.6 統合変更管<br>理 | 4.7 プロジェク<br>トやフェーズの<br>終結 |
| 5 プロジェクト・<br>スコープ・マネ<br>ジメント | | 5.1 スコープ・マ<br>ネジメントの計<br>画<br>5.2 要求事項の<br>収集<br>5.3 スコープの<br>定義<br>5.4 WBSの作<br>成 | | 5.5 スコープの<br>妥当性確認<br>5.6 スコープの<br>コントロール | |
| 6 プロジェクト・<br>スケジュール・<br>マネジメント | | 6.1 スケジュー<br>ル・マネジメン<br>トの計画<br>6.2 アクティビテ<br>ィの定義<br>6.3 アクティビテ<br>ィの順序設定<br>6.4 アクティビテ<br>ィ所要期間の<br>見積り<br>6.5 スケジュー<br>ルの作成 | | 6.6 スケジュー<br>ルのコントロー<br>ル | |
| 7 プロジェクト・<br>コスト・マネジ<br>メント | | 7.1 コスト・マネ<br>ジメントの計画<br>7.2 コストの見<br>積り<br>7.3 予算の設定 | | 7.4 コストのコン<br>トロール | |

| | | | | |
|---|---|---|---|---|
| 8 プロジェクト品質マネジメント | | 8.1 品質マネジメントの計画 | 8.2 品質のマネジメント | 8.3 品質のコントロール |
| 9 プロジェクト資源マネジメント | | 9.1 資源マネジメントの計画<br>9.2 アクティビティ資源の見積り | 9.3 資源の獲得<br>9.4 チームの育成<br>9.5 チームのマネジメント | 9.6 資源のコントロール |
| 10 プロジェクト・コミュニケーション・マネジメント | | 10.1 コミュニケーション・マネジメントの計画 | 10.2 コミュニケーションのマネジメント | 10.3 コミュニケーションの監視 |
| 11 プロジェクト・リスク・マネジメント | | 11.1 リスク・マネジメントの計画<br>11.2 リスクの特定<br>11.3 リスクの定性的分析<br>11.4 リスクの定量的分析<br>11.5 リスク対応の計画 | 11.6 リスク対応策の実行 | 11.7 リスクの監視 |
| 12 プロジェクト調達マネジメント | | 12.1 調達マネジメントの計画 | 12.2 調達の実行 | 12.3 調達のコントロール |
| 13 プロジェクトステークホルダー・マネジメント | 13.1 ステークホルダーの特定 | 13.2 ステークホルダー・エンゲージメントの計画 | 13.3 ステークホルダー・エンゲージメントのマネジメント | 13.4 ステークホルダー・エンゲージメントの監視 |

出所：『PMBOK® ガイド』第6版

# 謝　辞

　プロジェクトマネジメントは、ダイナミックな分野であり、数多くのプロフェッショナルたちが、実践を通して、新たな課題に直面し、会議や研究会、そして友人との談話から、その教訓をコミュニティの意見交換の場で惜しみなく共有することによって前進を続けています。

　今回、私は、プロジェクトマネジメントやアジャイルに関わる活動を通して、共に旅をしてきた仲間たちの記録係としての役割を与えられました。それは、革新と前進が求められるプロジェクトで奮闘するプロジェクトチームやリーダーたちを模範に、学んだことを得て、整理し、そして、分かち合うことに貢献することです。プロジェクトマネジメント協会やプロジェクトマネジメント学会をはじめとするプロジェクトマネジメントの関連団体、ビジネス分析の国際団体 IIBA（International Institute of Business Analysis）、Scrum Alliance や、Disciplined Agile、Scaled Agile Inc 等のアジャイルのコミュニティから得られるものの大きさに感謝し、貢献できることを大変、光栄に思います。

　もちろん、本書『アジャイル型プロジェクトマネジメント』の執筆に直接的に貢献した友人や同僚もおり、彼らには特に感謝します。また、各テーマで議論し貴重な示唆を与えてくれた方々に感謝したいと思います。

　特に、今回、本書を世に出すきっかけをいただいた中嶋秀隆氏、日々のプロジェクトで一緒に活動しているアクシスインターナショナル株式会社のリーダーやメンバー、日本能率協会マネジメントセンターの方々および編集者の根本浩美氏には、心より感謝を申し上げます。

　2022 年 3 月

中谷 公巳

# プロジェクトマネジメント関連用語集

## 英字

**MVP**：Minimum Viable Product の略で「最小限の実行可能な製品」を指す。顧客や利用者の要望を確認するために、MVP を使って実験し、フィードバックを得る

**RACIチャート**：責任者、説明責任者、助言者、情報受理者などの役割と責任範囲を明記したチャート

**WBS**：スコープに含まれるすべての作業を要素成果物に対応させてグループ化したもの

## あ行

**アーンド・バリュー・マネジメント（EVM）**：スコープ、スケジュール、コストのデータを統合してプロジェクトの実績を測定する方法

**アーンド・バリュー（EV）**：EV分析で使用する指標で、計画コストに作業完了率をかけたもの

**アクティビティ**：WBSなどの作業要素で期間見積り、コスト、必要なリソースなどを持つ。タスクと同義

**アクティビティ所要期間見積り**：各アクティビティを完了するために必要な時間見積り

**依存関係**：アクティビティの順序づけに使うタスク間の関係

**インクリメンタル・デリバリー**：完成させた部分から順次に本番稼働させる漸増的な提供形態

**インクリメント**：プロダクトゴールに向けた漸増的な活動およびそれらを合わせた作成物。インクリメントは随時、漸増されたすべてのインクリメントが連携して機能することを保証するために、徹底的に検証する必要がある

**インタビュー**：実態調査のための技法で、通常は対面や電話、オンライン会議のやり取りで情報を収集する

**受け入れ**：スポンサーや顧客が、成果物の完了を認めること

**エンタープライズ・プロジェクトマネジメント**：プロジェクト主導型の組織を編成するためのフレームワーク

## か行

**開始－開始関係**：前のタスクが始まらないと、後継のタスクを開始できない関係

**開始－終了関係**：前のタスクが始まらないと、後継のタスクを終えられない関係

**開発チーム**：スクラムチームの一員であり、各スプリントにおいて、利用可能な漸増活動（インクリメント）を行う

**確定見積り**：最も制度の高い、最終段階のコスト見積り

**課題管理**：課題がプロジェクトの脅威でなくなるまで計画的に対処するプロセス

**課題**：現実に存在する問題

**完成時総コスト見積り**：EV分析で使用する指標で、その時点までの実績に基づくプロジェクト完了時の見積りコスト

**完成時総予算**：EV分析で使用する指標で、元のプロジェクト総予算

**ガント・チャート**：作業項目のリストとそれぞれ対応する開始日と終了日をカレンダー形式で示すスケジュールの標準的な書式

**カンバン**：進捗状況、ステータスを伝える可視化ツール。ワークフロー最適化を図る目的にも使われる

**カンバン方式**：継続的デリバリーに配慮したプロジェクト管理手法。プロジェクトのワークフローを可視化し、生産工程に上限を設けることで過負荷や無駄を省く

**機会**：組織を改善するチャンス

**機能型組織**：営業部門、製造部門、人事や経理などの管理部門、エンジニアリング部門、情報システム部門などの機能分野ごとに分けた組織構造

**脅威プロファイル**：プロジェクトの不確実性（リスク）を示す領域に対応する質問のリスト

**教訓**：プロジェクトマネージャーやチームメンバーがプロジェクトの実績から得た経験則やコツ

**クラッシング**：最低限の追加コストでスケジュールを短縮する技法

**クリティカル・パス**：プロジェクト進行に必要なアクティビティをつなげた最長経路であり、プロジェクトに必要な最短所要期間

**計画価値**：EV分析で使用する指標で、一定の期間内に、特定のアクティビティに対して予算化されている作業コスト

**係数見積り**：プロジェクトの属性を数学的なモデルに当てはめて行うコスト見積り手法

**傾聴**：相手を理解する目的で聴くこと

**契約**：納入者（ベンダー、請負業者）に所定の製品やサービスを提供することを義務付け、買い手にそれらに対する対価を支払うことを義務付ける、相互に拘束する合意事項

**欠陥**：顧客の要求事項を満たしていない成果物あるいはサービス

**権威**：何もなければやらないことを、やらせる力

**公式な権威**：組織から与えられる権限を利用して他人の行動を変えさせる力

**工数**：タスクを完了するために必要な作業時間または作業日数

**構成管理**：プロジェクト成果物の記述が正しく完全であることを保証するた

めのプロセス

**コスト・ベースライン**：コスト実績を測定や看視するために使用する時間軸に展開した予算

**コスト・マネジメント**：予算内でプロジェクトを完了するために必要なプロセス群から構成される

**コスト・マネジメント計画書**：コスト差異をどのように管理するかを記述した文書

**コスト見積り**：プロジェクトを完了するために必要な概算見積りを作成すること

**コスト効率指数**：EV分析で使用する指標で、実コストに対するアーンド・バリューの比率。プロジェクト完了時までにかかるコスト予測に使われる

**コスト差異**：EV分析で使用する指標で、EV－ACで求められる

**コミュニケーション・マネジメント計画書**：コミュニケーション・マネジメントの手引書

**コミュニケーション計画**：ステークホルダーの情報とコミュニケーションについての要求事項（誰が、いつ、どのように）を決定する

**コンティンジェンシー計画**：識別したリスク事象が起きた場合に、プロジェクト・チームがとるべきアクションをあらかじめ決めたもの

**コンティンジェンシー予備費**：将来の不確定な事象に対して準備しておく費

用で、見積りやコスト・ベースラインに含めた具体的な金額

**コントロールのプロセス**：プロジェクト目標が確実に達成するための活動

**コンフリクト**：対立、紛争

## さ行

**サーバント・リーダーシップ**：チームメンバーに対して奉仕する支援型のリーダーシップ・スタイル

**最早開始日**：先行するタスクがある場合に、そのタスクが開始できる最短の日付

**最早終了日**：先行するタスクがある場合に、そのタスクが終了できる最短の日付

**最遅開始日**：プロジェクトの終了日を遅らせることなく、タスクを開始できる最新の日付

**最遅終了日**：プロジェクトの終了日を遅らせることなく、タスクが終了できる最新の日付

**サイロ化**：縦長の窓がない穀物などの貯蔵庫のサイロになぞらえて組織が縦割り型で機能している状態を指す

**資源平準化**：ある作業項目を遅らせることで資源の衝突を避ける手法

**システム・テスト**：システム全体が適切に動いているかを調べるテスト

**システム**：ある目的を満たすために一定の環境の下で相互に影響しあう複数

の要素の集合

**システム開発ライフサイクル**：情報システムの開発・運用の各フェーズを記述したフレームワーク

**システム思考**：複雑な事象を効果的に対処するために、組織についての全体的な視点を取り入れて行う思考法

**シックスシグマ**：ビジネスを成功に導き、それを持続、最大化するための包括的かつ柔軟なシステム。顧客ニーズを理解し、事実に基づくデータを統計的に分析し、ビジネス・プロセスを革新することによってこれを可能にする

**実コスト**：EV分析で使用する指標で特定期間内のアクティビティを行うためにかかった直接費と間接費の合計

**実費償還契約**：納入者（ベンダー、請負業者）に対して直接コストと間接コストの実費を支払う契約

**終結プロセス**：プロジェクトやフェーズを正式に承認し秩序ある終了へ導くこと

**終了－開始関係**：前のタスクが終了しないと、後継のタスクを開始できない関係

**終了－終了関係**：前のタスクが終了しないと、後継のタスクを終えられない関係

**状況報告**：その時点のプロジェクトの状況の報告

**情報ラジエーター**：チームで共有すべき重要な情報を目立つように可視化したもの

**所要期間**：アクティビティの実際の作業時間と経過時間

**進捗報告**：一定期間に実施した作業報告

**信頼性**：成果物やサービスが普通の状態で問題なく期待どおりに動作すること

**スクラム**：ソフトウェアを中心とした段階的な開発のためのフレームワーク

**スクラムチーム**：スクラムにおいて、1つの目的（プロダクトゴール）に集中している専門家が集まったチーム

**スクラムマスター**：スクラムチームの一員であり、スクラムチームと組織において、スクラムの理論とプラクティスを全員に理解してもらえるよう支援する

**スケジュール効率指数**：EV分析で使用する指標で、EVとPVの比率。プロジェクト完了までの期間見積りに利用する

**スケジュール差異**：EV分析で使用する指標で、EV−PVで求められる

**スケジュール作成**：アクティビティの順序、期間見積り、リソース要件などを分析し、スケジュールを作る作業

**スコープ**：プロジェクトの成果物の作成に必要なすべての作業とプロセス

**スコープ記述書**：プロジェクトのスコープを記述したもの

**スコープ・クリープ**：明示的な変更と認知されることなく、スコープが広がって

しまう状況

**スコープ定義**：プロジェクトの主要な要素成果物をより小さく管理可能な構成要素に分割する作業

**スコープ・マネジメント**：プロジェクトに含むものと含まないものを定義しコントロールするためのプロセス

**ステークホルダー**：プロジェクトの影響を受ける人またはプロジェクトに参加している人

**ステークホルダー分析**：ステークホルダーに関する情報分析のこと。主要ステークホルダーの氏名、所属組織、プロジェクトにおける役割、特記事項、プロジェクトに対する利害関与あるいは関心の度合い、プロジェクトへの影響度、関係管理上の配慮事項などを含む

**スプリント**：ソフトウェアを優先順位に応じて随時提供するリリース計画や作業工程を繰り返す反復のスクラム用語。通常1週間から4週間の短期間に集中して行われる製品開発活動

**スプリント・バックログ**：開発チームによる、開発者のための計画であり、スプリント・ゴールを達成するために開発者がスプリントで行う作業がリアルタイムに反映される

**スプリント・レトロスペクティブ会議**：品質と効果を高める方法を計画することを目的に、各スプリントの終了時に、スクラムチームがスプリントの有効性を議論する振り返りの会議

**スプリント計画会議**：各スプリントの開始時に、スプリントで実行する作業の計画を立てる会議

**スプリント・レビュー会議**：スプリントの成果を検査し、今後の適応を決定することを目的に行われる会議。スクラムチームは、主要なステークホルダーに作業の結果を提示し、プロダクトゴールに対する進捗について話し合う

**スポンサー**：プロジェクトの資金や資源を提供する人

**責任分担マトリクス**：WBSに定義された作業に組織構造で定義された組織の要員を割り当てたマトリクス

**専門家の権威**：個人の知識や専門分野を利用して他人の行動を変えさせる力

## た行

**タイム・アンド・マテリアル契約**：定額契約と実費償還契約との折衷案

**妥協**：対立を回避するために関係者全員がある程度満足できる案を探し交渉すること

**立上げ**：プロジェクトの開始または次のフェーズへの移行を組織にコミットする活動

**ダッシュボード**：複数の情報源からプロジェクトに関わるデータを集め、概要をまとめて一覧表示するもの

**立上げのプロセス**：プロジェクトやプロジェクト・フェーズの開始または中断を公式に表明するための活動

**単体テスト**：個別のプログラム・モジュールごとに欠陥がないことを調べるテスト

**知識エリア**：統合、スコープ、スケジュール、コスト、品質、資源、コミュニケーション、リスク、調達、ステークホルダーの各マネジメントエリア

**超概算見積り**：プロジェクトの最初のフェーズで作成される非常に大まかな目安レベルの見積り

**調達**：外部より製品やサービスを購入すること

**ツールと技法**：プロジェクトマネージャーを補助するツール。例えば、ガント・チャート、ネットワーク図、クリティカル・パス分析、プロジェクトマネジメント・ソフトウェアなどのツールがある

**定額契約**：正確に定義された製品、あるいはサービスに対して固定価格を支払う契約

**定性的リスク分析**：リスクを定性的に分析し、プロジェクト目標に対するリスクの影響度を順位付けする分析

**デイリースクラム会議**：計画された今後の作業を調整し、スプリントの目的に対する進捗を検査し、必要に応じてスプリント・バックログを適応させることを目的に行われる短時間の定期的な会議

**定量的リスク分析**：リスクを定量的に測定し、プロジェクト目標に対するリスクの影響を算定する分析

**テーラリング**：プロジェクトマネジメントのアプローチ、プロセス、ツール、技法、成果物などを、個々のプロジェクトの状況に応じて、適切な組み合わせを決定し、実用的な形に調整すること

**適応型開発アプローチ**：反復活動により段階的に成果を出すアプローチをとる。代表的な例としてアジャイル型がある

**適合**：要求事項と使用適合性にかなう成果物

**撤退**：既存または潜在的な意見の相違を避けるために自分の意見を取り下げること

**手直し**：成果物の要件、仕様書、ステークホルダーの期待などに合致しない項目に対する対応作業

**統合テスト**：システム全体のうち関連して動作する部分のテストで単体テストとシステム・テストの間に実施する

**投資収益率**：投資に対する収益性を図る指標。（収益－コスト）÷コストで求める

**トップダウン手法**：プロジェクトの最大の要素を小さな単位に分割してWBSを作成する手法

**トップダウン見積り**：プロジェクトに要する費用を過去の事例で予測する方法

## な行

**入札**：納入者（ベンダー、請負業者）がプロジェクトを遂行するために予算と

スケジュールを提示すること

## は行

**バーンアップ・チャート**：必要な機能を作り終えるための作業量と時間の 2 つの軸を使って簡潔かつ明確にプロジェクトの進捗状況を視覚化する。左端をプロジェクトの開始点として横軸を経過時間、縦軸を必要な作業量として表示する。完了した作業量は「完了ストーリーポイント」と呼ばれ、EV（Earned Value）と同じく、出来高を示す

**バーンダウン・チャート**：必要な機能を作り終えるための作業量と時間の 2 つの軸を使って簡潔かつ明確にプロジェクトの進捗状況を視覚化する。左端をプロジェクトの開始点として横軸を経過時間、縦軸を必要な作業量として表示する。残作業量は「残ストーリーポイント」と呼ばれる

**ハイブリッド型開発アプローチ**：予測型のウォーターフォール開発アプローチと適応型のアジャイル開発アプローチを組み合わせたアプローチ

**発生確率・影響度マトリクス**：発生するリスクの相対確率を図表の片側あるいは一方の軸に表し、リスクの相対影響度をもう一方の側、あるいは軸に表現したマトリクスあるいはチャートのこと

**バリュー・ストリーム・マップ**：顧客に価値を届ける一連の流れを可視化した図

**バリュー・ストリーム**：顧客に価値を届ける一連の流れ

**評価コスト**：成果物のエラーが許容範囲内であることを保証するためのプロセスと結果を評価するためのコスト

**品質**：明示または暗黙のニーズを満たす能力に関するある物の特性の全体

**品質管理**：品質基準を満たし品質改善のための教訓を得るためにプロジェクトを看視すること

**品質コスト**：適合コストと不適合コストの合計

**品質保証**：プロジェクトに関する品質基準を満たすための定期的な実績評価

**ファスト・トラッキング**：スケジュールを短縮するために、先行するアクティビティが完了する前に次のアクティビティを開始すること

**フィージビリティ・スタディ**：計画された事業や製品・サービス、プロジェクトなどが、実現可能かどうかを事前に調査し、検証すること

**フェーズ・ゲート**：それぞれのプロジェクト・フェーズ完了後に、プロジェクトの継続、再定義、中断を決定するために行うマネジメントレビュー

**不適合コスト**：欠陥や品質の不適合への対応コスト

**ブレーンストーミング**：特定の問題について、グループで討議して、アイデアや解法を作り出す技法。大量のアイデア

を沸き上がらせることを優先し、判断を加えることはしない

**フロート**：スケジュールの柔軟性を表し、最早開始と最遅開始の差で計算される

**プログラム**：プロジェクトの個別マネジメントでは得ることのできないベネフィットを得るために、調和の取れた方法でマネジメントされる関連するプロジェクト、サブプログラム、およびプログラム・アクティビティ（活動）

**プログラムマネジメント**：知識、スキル、および原理・原則をプログラムに適用してプログラム目標を達成し、プログラムの構成要素を個別にマネジメントすることでは得られないベネフィットとコントロールを得ること

**プログラムマネジメント・オフィス（PgMO：Program Management Office）**：特定のベネフィットを達成するための複数プロジェクトを統括し、マネジメントする組織のこと

**プロジェクト**：ユニークな目的を達成するために行われる期間限定の活動

**プロジェクト型組織**：プロジェクトのためだけに人を集めた組織構造

**プロジェクト計画書**：すべてのプロジェクト計画書を調整、統合しプロジェクト計画の実行とコントロールをガイドするための文書

**プロジェクト計画の策定**：他の計画プロセスの結果をまとめ、首尾一貫したプロジェクト計画書を作成すること

**プロジェクト計画の実行**：プロジェクト計画書で定義されたアクティビティを実行すること

**プロジェクト憲章**：プロジェクトの目的や条件、内容などを簡潔にまとめた文書

**プロジェクト・ライフサイクル**：プロジェクトの「定義フェーズ」→「計画フェーズ」→「実行フェーズ」→「終結フェーズ」までの一連の流れのこと

**プロジェクト調達マネジメント**：組織の外から製品やサービスを購入するのに必要なプロセス

**プロジェクト統合マネジメント**：プロジェクトのライフサイクル全体を通してプロジェクトマネジメントの他のすべての知識エリアの調整に関わるプロセスのこと

**プロジェクト品質マネジメント**：プロジェクト・スポンサーのニーズを満たすための品質管理

**プロジェクトマネージャー**：スポンサーやチームメンバー等の人々と協力してプロジェクトの目標達成の責任を負う人

**プロジェクトマネジメント**：プロジェクトの目標達成のためのアクティビティに対して知識、スキル、技法を適用すること

**プロジェクトマネジメント・オフィス（PMO：Project Management Office）**：組織内のプロジェクト管理の標準を定義および維持する、企業、政府機関、または企業内のグループまた

は部門

**プロジェクトマネジメント・プロセス群**：立上げ、計画、実行、コントロール、終結まで段階的に進んでいくプロジェクトの活動

**プロセス**：一定の成果を目指した一連の活動

**プロダクトオーナー**：スクラムチームの一員であり、スクラムチームから生み出されるプロダクトの価値を最大化することの結果に責任を持つ。プロダクト・バックログの所有者

**プロダクト・バックログ**：顧客から要求されている機能の優先順位を付けたリスト

**プロダクト・ライフサイクル**：製品を開発し、提供するために必要な作業

**プロトタイプ**：ユーザーの要求定義を明確化するためにシステムの一部または全体の実際に動作する模造品を作成すること

**ベースライン**：元のプロジェクト計画に承認済みの変更を加えたもの

**変更管理委員会**：変更の承認・否決に責任を持つメンバーにより構成される公式なグループ

**ベンチマーク**：社内外における過去のプロジェクトの実績や成果物の特性と比較することによって品質改善のアイデアを生み出す技法

**ポートフォリオ**：戦略目標を達成するためにグループとしてマネジメントされる

プロジェクト、プログラム、サブポートフォリオ、およびオペレーション（定常業務）の集合

**ポートフォリオマネジメント**：企業全体の成功に貢献する投資効果の高いプロジェクトを選定するプロセス

**ボトムアップ見積り**：プロジェクトに関連するタスクをできるだけ多く洗い出し、それを共通するグループに振り分けることでWBSを作成する

## ま行

**マイルストーン**：作業期間を伴わないプロジェクトにおいて重要なイベント

**マトリクス型組織**：従業員が機能型マネージャーとプロジェクト型マネージャーの両方に報告する組織構造

**マネジメント予備費**：将来の未知の事象に対して準備しておく費用

**問題**：組織のゴール達成を阻む、何らかの好ましくない状況

## や行

**ユーザー・ストーリー**：課題がプロジェクトの脅威でなくなるまで計画的に対処するプロセス

**要素成果物**：プロジェクトの一部として作成するレポートやソフトウェアの一部

**予算**：全体のコスト見積り個別の作業項目に割り振って、実績評価で使うベースラインを設定したもの

**予測型開発アプローチ**：時間軸に沿って直線的なアプローチを取る。代表的な例として、ウォーターフォール型がある

**予測型ライフサイクル**：プロジェクトのスコープが明確に定義でき、スケジュールとコストも正確に予測できる場合のSDLC（Software Development Life Cycle）モデル

**予防コスト**：許容内の品質でプロジェクトを遂行するためのコスト

## ら行

**利益**：収入−コストで求める儲け

**利益率**：収入と利益の比率によるプロジェクトの効率性を図る指標

**リスク**：発生する可能性のある問題

**リスク対応計画**：プロジェクト目標を達成するうえでの脅威を減らし、好機の可能性を増やす

**リスクの回避**：リスクやその脅威を取り除くこと。通常はリスク原因を取り除く

**リスクの監視**：プロジェクト・ライフサイクルの全体を通して、既知のリスクを監視し、新たなリスクを識別しリスクを軽減しリスク軽減の効果を評価する

**リスクの軽減**：リスクの発生確率を小さくするなどによってリスク事象の影響を抑えること

**リスクの識別**：プロジェクトに影響しそうなリスクを洗い出し、それぞれのリスクの特性を文書化する

**リスクの受容**：リスクが発生した場合、その結果を受け入れる

**リスクの転嫁**：リスクの結果とその対処責任を他へ転嫁すること

**リスク・マネジメント計画**：プロジェクト憲章、WBS、役割と責任、ステークホルダーのリスク許容度、組織のリスク・マネジメント方針と 計画書の雛形をレビューして、プロジェクトに対するリスク・マネジメント活動について、どのようにアプローチし、計画するかを決定する

**類推見積り**：過去の類似プロジェクトの実績に基づくコスト見積り手法。トップダウン見積りとも呼ばれる

## わ行

**ワーク・パッケージ**：WBSの 最下位レベルのタスク

# 索 引

# 参考文献

（順不同）

『PMBOK®Guide 7th Edition』（PMI, 2021）

『PMBOK®ガイド第7版』　日本語版（PMI, 2021年）

『PMBOK®Guide 6th Edition』（PMI, 2017）

『PMBOK®ガイド第6版　日本語版』（PMI, 2018年）

『Portfolio Management Standard 4th Edition』（PMI, 2017）

『ポートフォリオマネジメント標準第4版 日本語版』（PMI, 2021年）

『Program Management Standard 4th Edition』（PMI, 2017）

『プログラムマネジメント標準第4版 日本語版』（PMI, 2019年）

『BABOK®Guide 3rd Edition』（IIBA, 2015）

『BABOK®ガイド第3版　日本語版』（IIBA日本支部、2015年）

『改訂7版 PMプロジェクトマネジメント』（中嶋秀隆、日本能率協会マネジメントセンター、2022年）

『Agile Project Management 2nd Edition』（Jim Highsmith, 2009）

『アジャイルプロジェクトマネジメント』（ジム・ハイスミス、平鍋健児/小野剛/高嶋優子 訳、日経BPセンター、2005年）

『The Culture Code』（Daniel Coyle, 2018）

『THE CULTURE CODE 最強チームをつくる方法』（ダニエル・コイル、桜田直美 訳、かんき出版、2018年）

『Developmental sequence in small groups. Psychological Bulletin』（Bruce Tuckman, B. W., 1965）

『心と体をゆたかにするマインドエクササイズの証明』（ダニエル・ゴールマン、リチャード・J・デビッドソン、藤田美菜子 訳、パンローリング、2018年）

『Emotional Intelligence: Why It Can Matter More Than IQ』（Daniel Goleman、2012）

『EQこころの知能指数』（ダニエル・ゴールマン、土屋京子 訳、講談社＋α文庫、1998年）

『Primal Leadership』（Daniel Goleman, Harvard Business Review Press, 2013）

『EQリーダーシップ 成功する人の「こころの知能指数」の活かし方』（ダニエル・ゴールマン/リチャード・ボヤツィス/アニー・マッキー、土屋京子 訳、日本経済新聞出版社、2002年）

『Political Savvy』（Joel R. DeLuca, Evergreen Business Group, 1999）

『Survival of the Savvy』（Rick Brandon, Marty Seldman, 2004）

『The Lean Startup』（Eric Ries, 2011）

『リーン・スタートアップ　ムダのない起業プロセスでイノベーションを生みだす』（エリック・リース、井口耕二 訳、日経BP、2012年）

『The Mythical Man-Month: Essays on Software Engineering』（Frederick Brooks, 1975）

『Scrum: The Art of Doing Twice the Work in Half the Time』（Jeff Sutherland, 2014）

『A Scrum book : the spirit of the game』（Jeff Sutherland, 2019）

『Lean-Agile Pocket Guide for Scrum Teams』（Al Shalloway, Jim Trotto, 2014）

『Leanban Primer: Lean Software Development at the Team Level』（Al Shalloway, 2016）

『人月の神話』（フレデリック・ブルックス、滝沢徹 訳、丸善出版、2014年）

『The Fast Forward MBA in Project Management』（Eric Verzuh, 2021）

『The Radical Team Handbook』（John C. Redding, 2000)

『The Practical Guide to Facilitation』（Weaver, R.G., 2000）

『The Fifth Discipline』（Peter M. Senge, 1994）

『学習する組織 ―システム思考で未来を創造する』（ピーター・M・センゲ、枝廣淳子/小田理一郎/中小路佳代子 訳、英治出版、2011年）

Prosci ADKAR®モデルの5つの構成要素（Prosci社HP）

Prosci® 3フェーズプロセス（Prosci社HP）

An Overview of the Scrum Framework（Scrum Alliance® HP）

PMI Standard+（PMI HP）

アジャイルソフトウェア開発宣言（アジャイルマニフェストHP、2001）

『Quality Is Free』（Philip B. Crosby, 1979）

『The Scrum Guide』（Ken Schwaber, Jeff Sutherland, 2020）

『スクラムガイド』日本語版（Ken Schwaber, Jeff Sutherland, 2020）

**中谷 公巳**（なかたに ひろみ）

アクシスインターナショナル株式会社代表取締役。プロジェクトマネジメント、アジャイル開発、クラウドコンピューティング、サイバーセキュリティ、システム監査を中心としたコンサルティングやトレーニングを専門に活動。PMI会員、PM学会会員、PMI認定講師。Scrum Alliance® 認定スクラムプロフェッショナル（CSP-SM/CSP-PO）、SAFe® 認定SPC、CompTIA® Project+/CTT+ など。

訳書：『プロジェクトマネジメント・ツールボックス』（ドラガン・ミロシェビッチ著、共訳、鹿島出版会）、『スクラムマスター』（ジョー・ジャスティス著、共訳、アジャイルビジネスインスティテュート）、他。

## アジャイル型プロジェクトマネジメント

2022年5月10日　初版第1刷発行
2022年8月25日　　　第2刷発行

著　者 —— 中谷 公巳 ©2022 Hiromi Nakatani
発行者 —— 張 士洛
発行所 —— 日本能率協会マネジメントセンター
〒103-6009 東京都中央区日本橋 2-7-1　東京日本橋タワー
TEL 03(6362)4339(編集)／03(6362)4558(販売)
FAX 03(3272)8128(編集)／03(3272)8127(販売)
https://www.jmam.co.jp/

装　　　丁 —— 岩泉 卓屋
本文DTP —— 株式会社森の印刷屋
編集協力 —— 根本 浩美（赤羽編集工房）
印　刷　所 —— 広研印刷株式会社
製　本　所 —— 東京美術紙工協業組合

本書の内容の一部または全部を無断で複写複製（コピー）することは、法律で認められた場合を除き、著作者および出版者の権利の侵害となりますので、あらかじめ小社あて許諾を求めてください。

ISBN978-4-8005-9008-4 C2034
落丁・乱丁はおとりかえします。
PRINTED IN JAPAN